U0127619

0~1岁
婴儿哺养

健康宝宝系列

BABYCARE
for
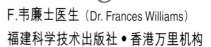

F.韦廉士医生（Dr. Frances Williams）

福建科学技术出版社 • 香港万里机构

著作权合同登记号：图字：13-1999-17

Original Title: **Babycare for Beginners**

© Carroll & Brown Limited

本书经英国Carroll & Brown Limited 正式授权出版

图书在版编目（CIP）数据

0～1岁婴儿哺养／（英）韦廉士（Williams, F.）编著；乔健译．—福州：
福建科学技术出版社；香港：万里机构，1999.11（2002.5重印）
（健康宝宝系列）
ISBN 7-5335-1554-4

Ⅰ.0… Ⅱ.①韦… ②乔… Ⅲ.①婴幼儿-哺育②婴幼儿-护理
Ⅳ. R174

中国版本图书馆CIP数据核字（1999）第62426号

0～1岁婴儿哺养
（健康宝宝系列）

编著者：F．韦廉士医生（Dr. Frances Williams）

中文版翻译：乔健

中文版编辑：汶淮　刘深

中文版制作：万里机构制作部

出版：福建科学技术出版社
　　　香港万里机构

发行：福建科学技术出版社
　　　福建省福州市东水路76号
　　　邮编：350001　电话：7602907

承印者：美雅印刷制本有限公司

出版日期：2002年5月第4次印刷

ISBN 7-5335-1554-4/R ·311

定价：30.00元

目　　录

3

前　　言

婴儿的出生意味着父母忙乱的开始。照料婴儿十分繁琐，并将占用父母大部分的时间。在出生后的头一年裏，婴儿都极渴望与照料者整天接触。照料婴儿，特别是在处理一些比较伤脑筋的事情，如给婴儿洗澡、穿衣时，几乎没有一位父母不希望多生出一双手来。

编写本书的目的是给初为父母者与不懂照料婴儿的人提供帮助。书中介绍了从婴儿出生第一天起，你就应该掌握的有关抱婴儿、喂食、带婴儿外出、换尿布、穿衣服、洗澡和安抚婴儿，以及婴儿疾病、预防接种和紧急救护等一系列知识。

我曾将这本书的初稿给那些孩子已较大的父母看，他们看后一致的反应均是："如果我们生第一个孩子时就有这本书该多好！"我理解他们的意思。养育孩子的经验不是与生俱来，而是靠后天训练而成的。我希望这本书能为所有初为父母、祖父母、保姆和婴儿看护者提供足够的自信心，希望他们不仅胜任照顾婴儿的工作，而且乐在其中。

Dr. Frances Williams

（F.韦廉士医生）

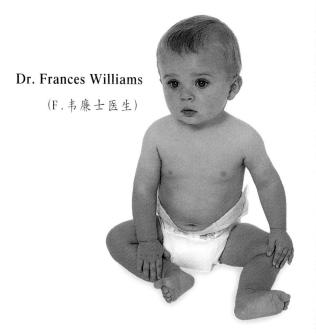

抱 婴 儿

新生儿需要常常被抱起，所以动作应尽可能平稳和轻柔。尽管婴儿可能会比父母想象的要健壮，但绝不可因此猛

从 正 面 位 置 抱 起

新生儿在睡觉和换尿布时都要采取仰卧的姿势（见"放下婴儿"，16～17页），这样，你就经常需要从正面位置抱起婴儿。

如果婴儿睡觉了，那么在抱起他之前应轻柔地将他唤醒，否则婴儿会因突然的动作而受惊哭闹。在准备抱起婴儿前，应轻轻地与他交谈，或者温柔地触摸他的脸颊，并且尽可能俯下身躯以贴近婴儿。

"当我儿子抬起手臂时，我有一阵激动。这意味着儿子知道我要抱他了。"

烈地摇动或者动作粗鲁地抱起婴儿。抱婴儿时，应尽可能地贴近他，常常和他说令他感到安心的话，并托住他的头。

1 托住婴儿的颈部和背部

弯腰贴近婴儿，一只手插入他颈下，另一只手放在他背后。可以从侧面或者婴儿两腿间的方向贴近他。与此同时，口中讲几句语调平和的话，这样可令婴儿放松和有安全感。

2 平稳地抱起他

仍然像上一动作一样弯着腰，将婴儿的重心移至手上，确保他的头被稳稳地托住。仍然与他喃喃说话，使自己的视线跟随着婴儿身躯的移动。

3 带他到胸口位置

采取一个更直立的姿势，转动婴儿使之与自己的身体平行，将他轻轻带向你的胸口。要注意让婴儿的头高于身体其他部位的水平线。

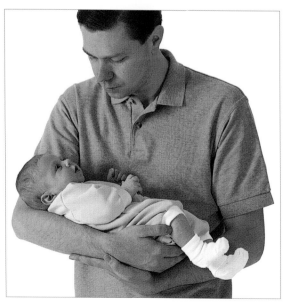

4 抱他在臂弯里

在让婴儿靠在你胸口时，要像托住头部一样地用手臂托住他的身子。弯曲手臂，这样就可使婴儿的头靠在自己的肘关节上，身体顺势躺在手臂上。再用另一只手承托住他。

从俯卧位置抱起

尽管大部分时间你都会从仰卧位置抱起新生儿，但偶尔也得从俯卧角度抱起婴儿。例如，婴儿睡着时翻了个身。起初，你做这个动作时可能会显得相当笨拙。

惊吓反射

当婴儿感到有危险感时，他会采取这种惊吓反射姿势。这种反应的典型特征表现为婴儿挥动小手小腿，然后掉转头大声哭泣。这通常在婴儿感到位置突然产生变化或有掉下去危险时发生。医生们解释说这种姿势是婴儿无意识做出来以恢复其身体平衡的一种反应，是一种与惊跳相类似的条件反射。

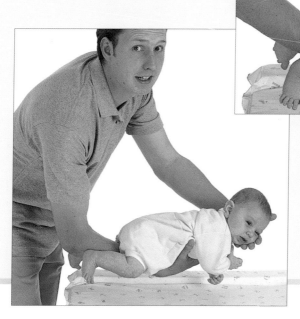

抱起婴儿的错误方法

在托起新生儿的颈部时，应让他的头与身体的其余部分保持一直线，不要将婴

稍大的婴儿

　　婴儿约在6个月时开始会十分熟练地翻身。所以，尽管你手托着婴儿的背放下，他仍然会翻过身去，这样你不得不从俯卧的位置将他抱起。

　　在第6个月，他也可以接受将头抬起及撑起胸口的训练。你可将婴儿以脸朝下位置放下（然后从这个位置上将他抱起），来训练他的颈部肌肉。可用玩开飞机的游戏来锻炼——伸展手臂，帮他模仿你的动作。

儿的头扭向他的躯干部分（见左图），也不要在他颈部施加太多压力（见上图）——这样会令他窒息。

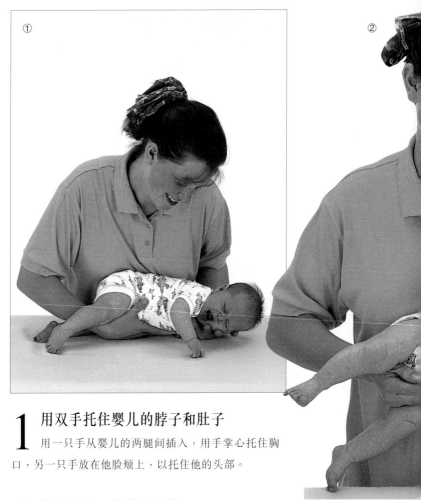

① ②

1 用双手托住婴儿的脖子和肚子

用一只手从婴儿的两腿间插入，用手掌心托住胸口，另一只手放在他脸颊上，以托住他的头部。

2 抱起婴儿，将他转向你

慢慢地抱起婴儿，确保他的身体重心在你手上。在抱起时，应尽可能让他转向你身边。用肘关节托住他的头部，使婴儿的头始终高于身体其他部位。

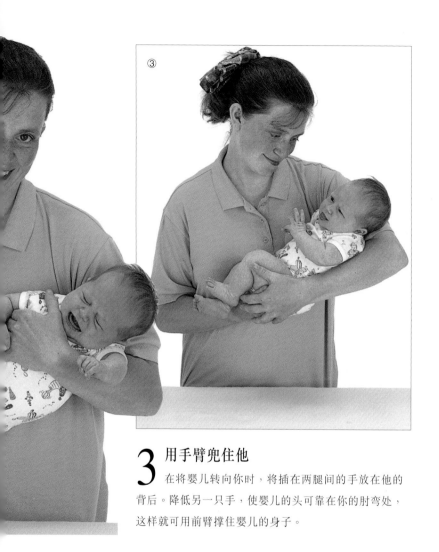

3 用手臂兜住他

在将婴儿转向你时，将插在两腿间的手放在他的背后。降低另一只手，使婴儿的头可靠在你的肘弯处，这样就可用前臂撑住婴儿的身子。

放 下 婴 儿

婴儿都喜欢被父母抱在怀里，并且希望整天就这样被抱着。然而，事实上这是不可能的。为了给他换尿布或把他放进摇篮里，就需要放下婴儿。

用轻松、自信的态度放下婴儿。在这一过程中应始终与他交谈，不要让他感到不顺心或形成一种被遗弃的感觉。

研究显示，将婴儿以面朝上的姿势放下睡觉，可有效防止他因跌落而发生婴儿猝死综合征（SIDS），所以在头3个月里，应一直坚持以这种姿势放下宝宝。

安抚奶嘴

它可安慰一个吵闹不休的婴儿，简直是忙乱父母的大救星。

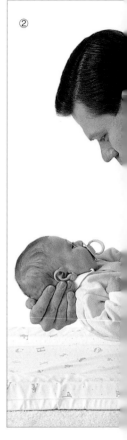

1 轻轻地将婴儿抱离你的身体

在摇篮上方，轻轻地滑开手臂，让一只手托住婴儿的头部和颈部，从怀里移到垫子上。

2 更低位置放下

将婴儿的身体转一下，使他与自己的身躯更垂直。弯腰贴近换尿布台或褥垫，慢慢放低婴儿到平面上，先让屁股着垫。

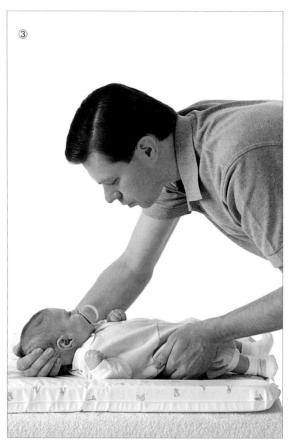

③

3 抽出手

在屁股与平面接触后，轻轻地从他背上抽出手，然后放下上半身和头部。始终保持他的头部得到很好的支撑，直到稳妥地放到垫上，然后轻轻抽出手。

婴儿抱姿

所有的婴儿都喜欢接触父母的身体；实际上他们需要通过被抱着而体会到安全感和关爱。同样，做一名初为父母者，你会发现自己在宝宝醒着时都会长时间地抱着他。

新生儿还不能独立地抬头，所以在抱婴儿时应小心地托住他的颈部。

如果新生儿被安全地抱着，他会感到很舒适。因为他刚脱离一个密封的限制空间——母亲的子宫，所以一下子还不习惯皮肤对空气的感觉以及被悬在空中的感受而希望被抱得紧些。

稍大的婴儿

约3个月以后，婴儿可以充分控制他的颈部活动和会做仰起头的动作，这时他需要的支撑就会少些。以下介绍几个可让婴儿从不同角度观察环境的方法。

"我喜欢将婴儿抱在手中，这样可看见他不同表情的变化。"

较小的婴儿

• 靠在肩膀上

如果婴儿处于一个能感觉到母亲脉搏或心脏跳动的位置，他会感到很安心。用一只手托住他的小屁股，另一只手撑起他的颈部。

• 俯在手臂上

用前臂托住婴儿的身躯，让他的头靠在臂弯上。将另一只手从两腿间穿入，托住婴儿的肚子。

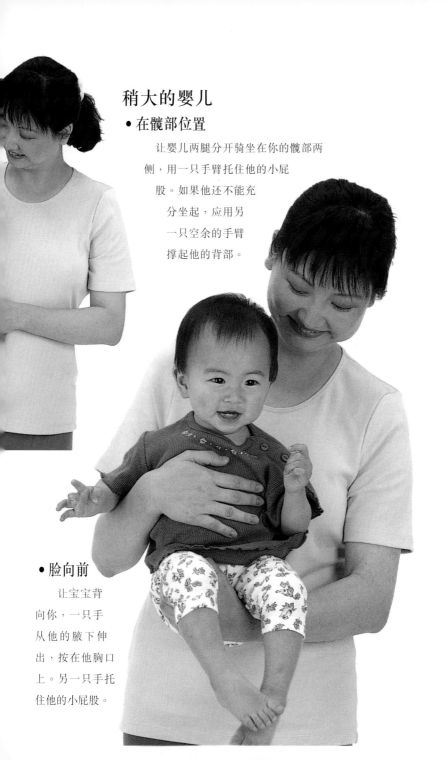

稍大的婴儿

● 在髋部位置

让婴儿两腿分开骑坐在你的髋部两侧，用一只手臂托住他的小屁股。如果他还不能充分坐起，应用另一只空余的手臂撑起他的背部。

● 脸向前

让宝宝背向你，一只手从他的腋下伸出，按在他胸口上。另一只手托住他的小屁股。

带 婴 儿 外 出

不管你要带婴儿去户外活动还是想让他整天待在身边，用婴儿背带是一个明智的选择。只要使用以下提供的方式中的任何一种，便可自由地四处走动，解放双手做更多的日常

用 背 布

婴儿喜欢被抱时与大人的身体有紧密接触，柔软的布质背布是照顾新生儿的理想用具，因为婴儿将从你身体的动作中平静下来，并可在大人的心跳声中得到安慰。

背布是一种适合婴儿的用品，因它可在极大部分时间里使用，并提供了另一个看护婴儿的途径。用背布后，不必中断日常的事务另外腾出手来抱婴儿，以观察他的情况。可像平日一样工作，只有婴儿在儿童床里睡觉或嬉戏时，才需解下背布。

将婴儿放在背布里有许多好处。婴儿会很容易地接受你的照料，并且他在你身旁会感到很高兴。你也可不必中断日常工作，做大部分工作时都可将他带在身边。大多数父母说在他们练习用婴儿背布后，与婴儿的关系更亲密、更完美了。

要记住背布不能形成很大的支撑，在向前弯腰或侧向一旁时，需用手护住宝宝的头。4个月以上的婴儿也同样需要很好地保护他的颈部。

为安全起见，在将婴儿放进背布之前，应先穿上背布，检查是否已安全地扣牢；同样，得先

工作，这样也令婴儿感到安全和舒适。柔软的布料背带包括背布和育儿袋，这些都是照顾新生儿的理想用具，稍大的婴儿或较重的婴儿最好用更结实的金属框架的背包。

将宝宝抱出放到安全的地方，然后再脱下背布。不要让宝宝待在无人照看的背布中。在驾驶时不应用背布，或者把它当作一件外套包裹住婴儿。清洗背部时，应仔细检查所有的搭扣是否仍然安全。

购买之前

- 在选购背布时，将宝宝也带上，以便当场测试合适他的尺寸和舒适性。

- 确保背布能支撑起宝宝的头部和颈部，并能很好地容纳他的身体。

- 检查用料、拉链和其他搭扣的质量。

- 应挑选可用洗衣机洗的背布，背布会因频繁使用而很快变脏。

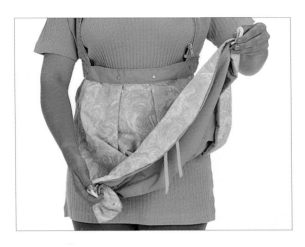

1 穿背布

在看产品说明书之后，打开背布，将布带搭上肩膀，在腰部拉合拉链。

3 放进婴儿

轻轻地将婴儿抱起放进小袋中，让他的头靠在缚起的小袋的对应边上。可通过调节小袋边上的吊带来提高或放低婴儿的位置。

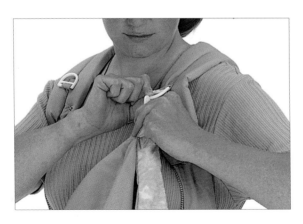

2 形成小袋

拿起布袋一头的挂钩，扣在同侧肩膀的布带环中，形成一个小袋。

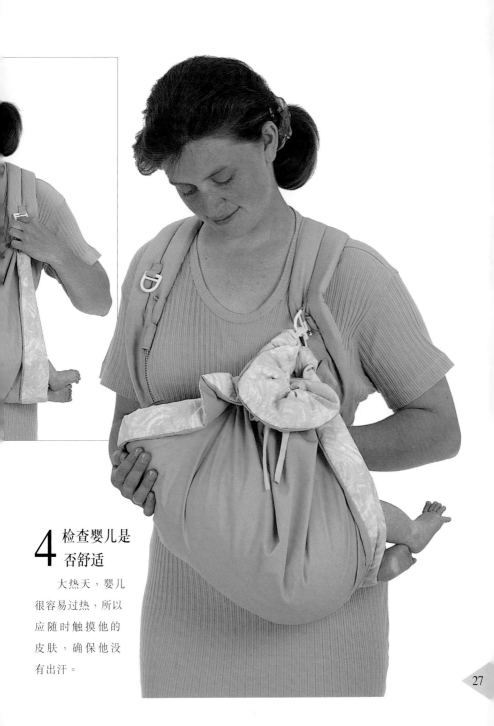

4 检查婴儿是否舒适

大热天，婴儿很容易过热，所以应随时触摸他的皮肤，确保他没有出汗。

27

用背带

棉制、有垫、可机洗，这三大优点使婴儿背带成为最流行携带婴儿的方式之一。大多数式样的背带既可让婴儿贴近胸口，又可让他脸朝外。新生儿会从母亲的心跳声中感到安心；而稍大的婴儿则喜欢看新鲜的环境。

婴儿背带上有一个硬衬垫，可为婴儿头部提供特别的支撑，也为还未有足够肌肉力量去抬起头的新生儿提供保护。脸朝外的使用方法适用于稍大的宝宝，用

购买之前

大多数制造商都会为产品提供品质保证书，以防质量参差不齐，但在购买之前仔细阅读以下文字可省去许多麻烦。

检查容易忽略的针脚。三道线针脚最结实耐用。

所有的扣子、拉链和搭扣都应光滑顺手。

布带的肩膀部分应位置恰当，软硬适中。

用料应可机洗和不缩水——婴儿背带因频繁使用很快会变脏。

时可抽出衬垫。

当婴儿被放在背带中时，如果他紧紧贴在大人的怀中容易过热的。所以应给婴儿少穿点衣服，特别是在夏季。随时检查婴儿，看他是否出汗过多或感到不舒服。

熟能生巧

第一次穿背带可能会感到有些棘手，并且很费时。在正式使用之前，应在家练习穿脱技术，同时熟练地掌握将婴儿放进和拿出的技术。

从背带中抱出宝宝

准备从背带中抱出宝宝时，应先坐下，放松吊带，然后向前抱出。

①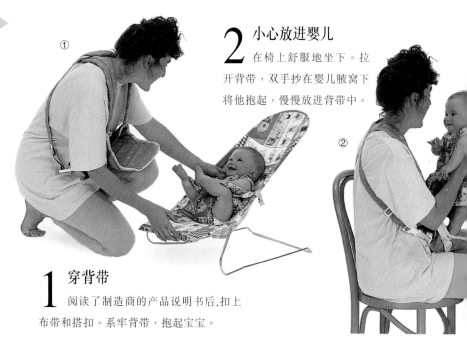

2 小心放进婴儿

在椅上舒服地坐下。拉开背带，双手抄在婴儿腋窝下将他抱起，慢慢放进背带中。

②

1 穿背带

阅读了制造商的产品说明书后，扣上布带和搭扣。系牢背带，抱起宝宝。

3 检查婴儿的位置

将婴儿的双腿穿过背带上的腿洞，升高背带的背部，使衬垫可以支撑起婴儿的颈部。

③

④

4 调整布带

一旦婴儿舒服地坐好后，检查重心是否平衡，然后恰当地调整背带的长度。

⑤

5 安抚你的宝宝

在携带婴儿时，应与他进行眼神交流，并抚摸他，这有助于加强母子间的感情联系。

安抚哭闹的婴儿

在婴儿出生后的头几个星期中，哭泣是他传递需求的唯一途径，他可以一天哭上5个小时！

在多数情况下，婴儿因为饿而哭，但有时不舒服、感到孤独或厌烦也能引起他有这种反应

（见下图）。一个专职婴儿看护或会从不同的哭声中很快辨清哭闹原因，但婴儿有时也会为了一些无法确认的原因而哭闹。无论自信心多强的父母也会感到心烦和灰心，但要记住，不要让婴儿孤立

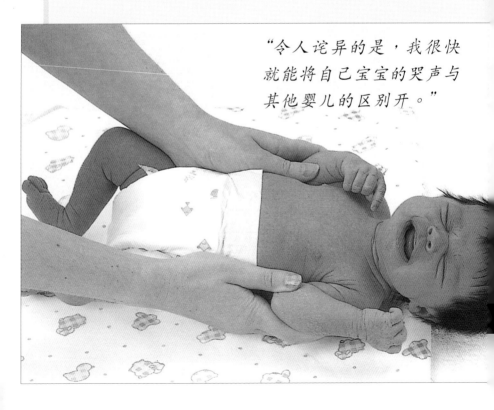

"令人诧异的是，我很快就能将自己宝宝的哭声与其他婴儿的区别开。"

地哭泣，应简单地安慰和安抚他。

　　父母应在几分钟之内对婴儿的哭泣有反应，这点很重要。如哭泣时间再过长，他会变得更很伤心。要是任他去哭，他会变得更加难过，这时再要了解他原本渴望的事情也就更困难。

　　幼年时被父母忽视哭泣的婴儿，长大后可能会变得不负责任。请放心：如果婴儿一哭你就对他有反应，这并不会因此便宠坏他的。实际上，双方都需要交流。

提供奶嘴

　　许多婴儿发现奶嘴会平复他们的不安，而父母们则担心奶嘴会损害他们的牙齿。事实上，在婴儿一岁之内，它不会影响上下齿的啮合，大多数婴儿其实会比抛弃大拇指更愿意抛弃奶嘴。奶嘴都经消毒，既不会变甜，也不会束在脖子上，更不会成为父母的爱心和注意力的代替品。

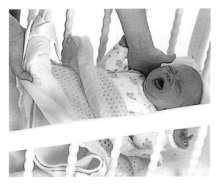
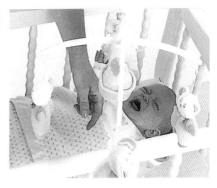

● 他是否太热？

因为婴儿的体温控制系统在出生几个月后才能变得完善，所以新生儿常常过热。摸摸他的颈背部，看他是否太热。如太热，可拿开毯子或脱去一件衣服。

● 他是否感到很闷？

婴儿可能需要一些东西来引起他的兴趣。如果你给宝宝一个玩具或吸引他的活动物件，再小的婴儿也会停止哭闹。

● 他是否肚子不舒服？

如果婴儿在喂食后吵闹不休，可能是因为胃里的气体使他胃痛。可将婴儿横在膝头，用膝盖顶住他的胃，或者贴着肩膀抱紧他，轻轻抚摸他的背部。

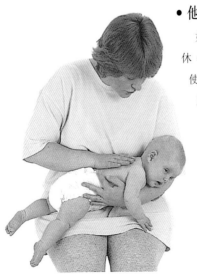

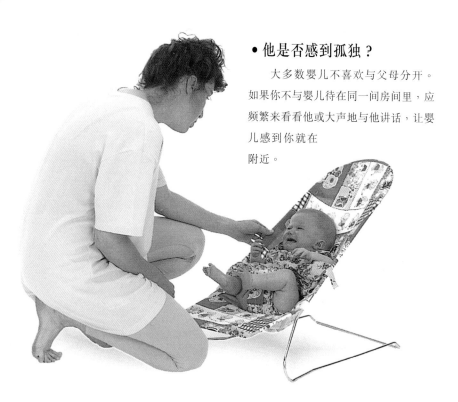

● 他是否感到孤独？

大多数婴儿不喜欢与父母分开。如果你不与婴儿待在同一间房间里，应频繁来看看他或大声地与他讲话，让婴儿感到你就在附近。

● 他是否感到不安全？

婴儿可能需要安慰。吮吸可令他感到满足，甚至在不饿时，婴儿也可能需要有些东西放在嘴里才安心。此时，可给婴儿喂奶或一个奶嘴。

● 他是否刺激过度？

过分喧闹和变化的环境使婴儿昏乱了。可用襁褓包住婴儿，将他带到一个安静的房间里，轻轻地在手中摇动他。

襁 褓 包 裹 婴 儿

将婴儿用披巾或毯子包裹起来，是使之安静和安慰他的有效办法。婴儿在安全、温暖的子宫里待了9个月，经历了生产时的极大震荡后，小手小脚可自由地活动。通过襁褓，可帮助他再现胎儿时的模拟环境，在他慢慢适应外部环境的过程中，令他安心和放心。

新生儿还不能完全控制自己的手脚，一些突发的痉挛动作会使他惊跳和从睡梦中醒来。襁褓

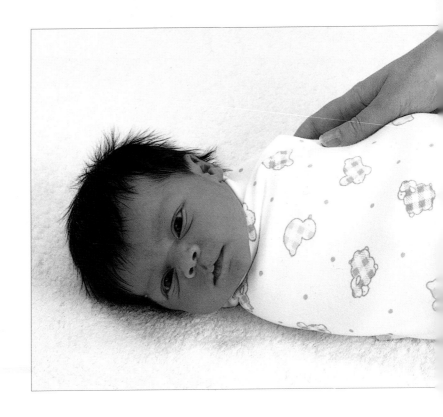

可防止产生这种情况，通过牢固地包裹可稳定他的四肢。如果婴儿喜欢吮手指，可让他的手和手臂露在外面。

襁褓也可帮助新生儿保持体温。实际上，过热会造成婴儿猝死综合征，如果你觉得他过热，可用一张大片的薄纱布替代毯子。

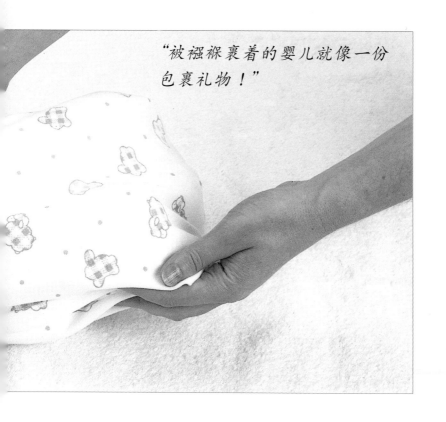

"被襁褓裹着的婴儿就像一份包裹礼物！"

1 将婴儿放在毯子上

将一条婴儿毯子或围巾折成三角形。将婴儿放在中心，让脖子对准顶端。

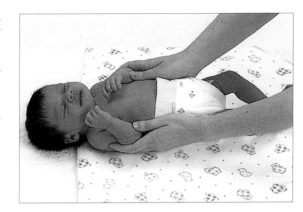

2 将毯子一边盖上肩膀

将毯子一边搭上婴儿的肩膀，对角覆过他的身体。

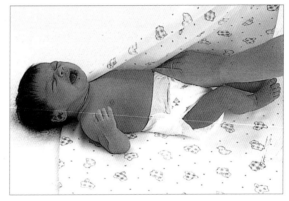

3 塞紧毯子边

将余端穿在另一只手臂下，并塞在小屁股下。

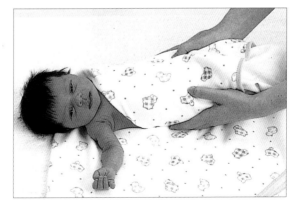

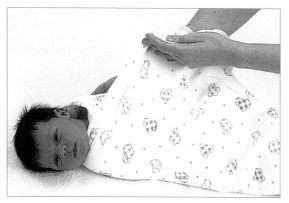

4 对折另一边

拿起毯子的另一边，包上婴儿肩膀。如可能，将他的手臂放近脖子，使他的双手可相互碰到。

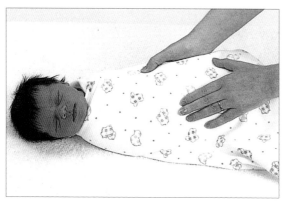

5 裹紧毯子

在婴儿身躯底下平展毯子，使他可以更安全地被抱着。检查一下，使毯子不至于很紧地裹住婴儿的脖子。

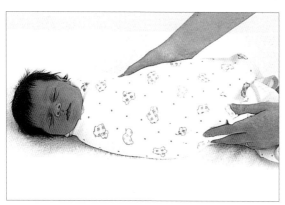

6 盖好脚

最后，将毯子底下的尾端包住婴儿的脚。用这种办法可使婴儿很快入睡。

喂哺婴儿

从观察婴儿进食时的反应看，进餐时间是他一天中最快乐的时候。为更好地照料婴儿，你需要学习如何准备奶瓶和固体食物。要确保婴儿所有的喂食用具都被彻底清洗干净，

消毒奶瓶

如选用奶瓶喂养，保证婴儿健康最重要的一点是维持高水准的消毒工作。牛奶是极易滋生细菌的食物，如果不小心，婴儿便很易腹痛，这会导致他在关键的成长时刻不能增加体重。

时至今日，人们不会考虑是否需要特别的消毒液，但所有的喂食用具必须得到严格的清洗。奶瓶、橡皮奶头、圈环、圆盘和盖子都必须在温暖的肥皂水中彻底清洁，然后冲洗干净。再将这些用具在消毒器中消毒，或者放在大锅中用开水煮。

或者，在洗了所有的用品后，将奶瓶、橡皮奶头、环圈、圆盘和盖子在一个特别设计的搁物架上搁起，在洗碗机中用最高温度循环消毒。高温消毒可能会改变橡皮奶头的形状，特别是圆孔的尺寸，所以应经常检查。

新生儿一天要用8个奶瓶，但市面出售的消毒器很少能容纳6个以上的奶瓶，所以必须每天再多消毒两个奶瓶。在婴儿大些后，他需要的奶瓶会少些，这样操作上可更方便些，但仍需继续消毒所有的喂食用具，直至婴儿9个月大。

婴儿的食物中不能有添加剂和额外的糖和盐。要确保自己宝宝的饮食能做到这一点。

旅行提示

在旅行时用无需消毒、易于处理的奶瓶是不错的选择。但是，橡皮奶头必须经过消毒。先将混合好的奶粉放入奶瓶内，以便供短途旅行之用。

必需品

- 奶瓶、橡皮奶头、圆盘、圆环、盖子
- 胶手套
- 清洁剂
- 奶瓶刷
- 食用盐
- 特殊形状的奶头刷
- 消毒器、大口锅或消毒搁物架
- 消毒钳
- 大纸巾 (供弄干时使用)

1 清洗奶瓶

向洗涤槽中注入肥皂温水。用奶瓶刷子刷洗奶瓶，重点清洗奶瓶顶端最容易积存牛奶残迹的螺纹口。

2 清洗橡皮奶头

先清洗奶头表面，然后将奶头外翻，用奶头刷擦洗。对一些奶渍残迹，可用有研磨作用的食用盐擦试。

3 在干净水中漂清

洗涤后，在洁净的热水中彻底漂清奶瓶、橡皮奶头、圆盘、圆环和盖子。必要时，可利用流动水检查橡皮奶头的圆孔是否变大。

4 放在消毒搁物架上

将奶瓶瓶口朝下放在搁物架上，将圆环、圆盘、盖子和橡皮奶头放在洗碗机的透明杯中，摆到搁物架上。

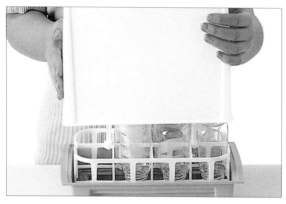

5 将搁物架放进消毒器，盖好并且接通电源

让消毒器中充满水蒸气，然后放入搁物架。盖上盖子，接通电源。水煮沸后，消毒器会自动切断电源。

煮沸法

奶瓶可用煮沸方式消毒。先将奶瓶浸没在水中，煮沸10分钟后，盖着锅盖让它冷却，然后用消毒钳取出放在纸巾上晾干。

冲 调 奶 粉

用奶粉喂养婴儿是一种健康、方便的可替代母乳喂养的方法。市场上目前有许多种配制好的奶粉，可满足一连串日常饮食的需要。奶瓶的预备工作比以前花费的时间更少，使用更简便。用牛乳制成的粉末状奶粉仍是最流行的婴儿食品，但你需向医生或健康顾问咨询哪种奶粉适合自己的宝宝。

在准备冲调奶粉前，有几条基本规则可供参考。最重要的一条是经常保持双手的清洁和用具的消毒。厂商的奶粉配方已按婴儿的实际需要量严格计算，所以应遵照他们的用量标准。在水中加入太多的奶粉反而会使婴儿生病，而加得太少又会使婴儿营养不良。

一次冲调多瓶牛奶是个好主意。你可将它们储存在冰箱里，随时根据需要拿出一瓶。要及时处理多余的牛奶。

必需品

- 水壶
- 量杯
- 奶粉
- 量匙
- 刮刀
- 搅动匙
- 漏斗
- 奶瓶、橡皮奶头、圆盘、圆环和盖子

1 煮沸水

在水壶中倒进一些新鲜的水煮沸。让水冷却后用量杯倒出需要的分量。

2 衡量奶粉

用奶粉罐中提供的量匙量出需要的奶粉量。用刮刀刮去多余的奶粉。

3 调匀奶粉

在水中倒入奶粉，用一把大的搅动匙搅拌。一直搅拌到粉末彻底溶于水中，混合物变稠。

4 将奶粉倒进奶瓶

调匀奶粉后，用一只已消过毒的塑胶漏斗将牛奶小心地倒入经消过毒的奶瓶中。

5 封口，储存奶瓶

把橡皮奶头向下按在奶瓶内，这样可保证使用时的清洁。盖上圆盘，旋上圆环。在奶瓶上盖上盖子，立刻储存进冰箱。

以奶瓶喂养婴儿

用奶瓶喂养婴儿有两大好处，一来便于掌握婴儿的食量，二来可让其他家庭成员也得到喂养婴儿的经验。

为了可重获用母乳喂养的亲密感觉，首先应舒适地坐在椅子或者有靠垫的沙发上，丢开一切烦恼；拔去电话插座，将稍大的孩子安排在另一间屋子里。屋内可放些音乐，这样有助于放松和调节气氛。甚至在喂婴儿时可袒胸，这样可使婴儿嗅到你的皮肤气息。

消化奶粉冲调的牛奶比母乳需要更长时间，所以你不必像母乳喂养那样频繁地喂宝宝。应根据实际需求喂食，大多数新生儿每2小时喂一次，当然也可视婴儿的特殊需要作调整。一个月以后，改为3小时喂一次，到二三个月大时，仅需每4小时喂一次。

新生儿应用最小号的120毫升奶瓶，2个月以后，改用250毫升的奶瓶。

开始时每次应用新鲜的牛奶喂食，而不能用冰箱中储存或者冷了再温的牛奶喂食。

稍大的婴儿

当婴儿日渐长成，他的吮吸能力随着年龄的增长而增强，他也会以一个较快的速度吮吸牛奶。此时，可将乳胶奶嘴上的洞眼加大，使牛奶能更

快地流动。将缝衣
针上有针眼的一头
插进软木塞中，然
后将针尖放在火上
消毒。手持软木塞
慢慢地用针尖戳进
奶头洞眼中，将它
扩大。

温热牛奶

大多数父母会
温热瓶装牛奶，
使之接近母乳的温度。
实际上，大多数宝宝
只要不是冰冷的牛奶，
对与室温同样温度的
牛奶也可接受。可将
奶瓶放在一碗热水中浸
几分钟。注意不要
用微波炉来加热牛奶，
一方面用微波炉加热
不匀，另一方面滚烫的
奶嘴也会烫伤
婴儿的嘴。

1 测试温度

在给婴儿喂食前应先测试牛奶的温度。滴几滴牛奶在手腕上，达到温热而不过烫的程度即可。

2 松开奶瓶盖

婴儿吮奶时产生的瓶内压力会使奶头折叠。稍微松开圆环使空气进入，这样可使奶头保持直立状态。

3 引发寻乳反射

当你触摸婴儿的脸颊时，他会自动地将头转向你，同时张开嘴等待吮奶。

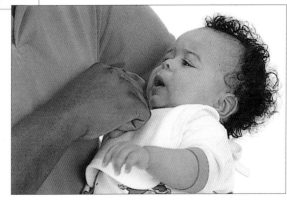

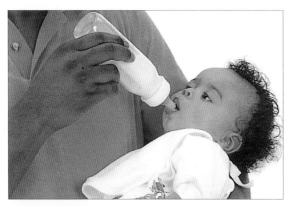

4 将奶头放进婴儿的口中

将奶瓶以45度方向拿好，这样奶瓶前部充满了牛奶，不会有气泡产生。将奶头放进婴儿口中。

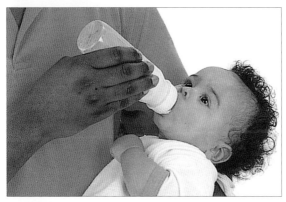

5 帮助婴儿抓住奶瓶

确保奶头很好地放在婴儿的嘴里，不要滑动，以免阻碍他正常的吮吸。固定地举着奶瓶，适当调整角度，使瓶子前端一直充满牛奶。

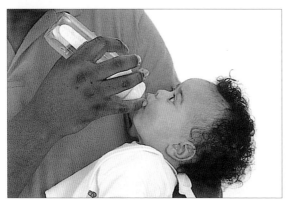

6 抽出奶瓶

在婴儿喝完了牛奶之后，他还未松开奶头，或者你想抽出奶瓶来拍拍他，可将小手指滑进婴儿嘴中，以排去吸力。

一个特殊的时刻

　　给婴儿喂食，既是一种感情上的需
求，又可满足他的营养需要。可在喂食时
与婴儿交流父子之爱，建立起一种特殊的
和睦关系。

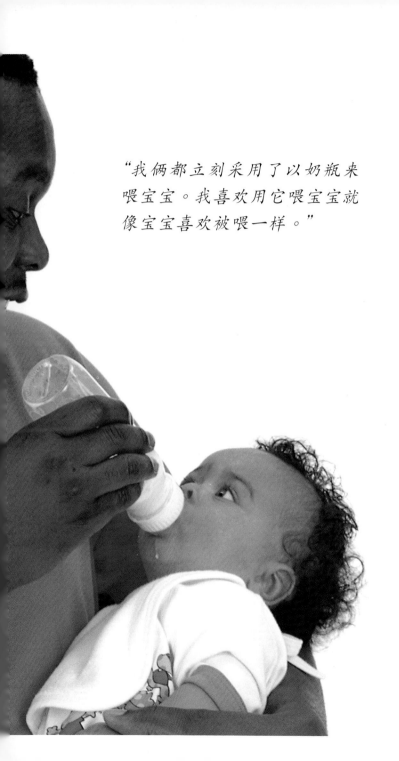

"我俩都立刻采用了以奶瓶来喂宝宝。我喜欢用它喂宝宝就像宝宝喜欢被喂一样。"

喂 奶 后 轻 拍 婴 儿

不管用奶瓶还是母乳喂婴儿，他都有可能在吮奶时吸进空气。空气会在婴儿胃里形成气泡，令他产生胃胀的感觉而造成不舒服。如果婴儿的胃受到伤害，他会哭闹不停(见"安抚哭闹的婴儿"一节)。如果婴儿感到胃胀，他可能会停止进食，但很快又会饿。以下几种办法可帮助婴儿排出堆积的空气。母乳喂的婴儿与母亲的乳头之间比奶嘴贴得更紧，所以通常应在每次喂奶结束后都设法拍拍婴儿的背。而用奶瓶喂的婴儿在喂了几口以后，则需要经常被拍拍背。不要中断喂食去拍婴儿，只能在他自然中断时趁机进行。

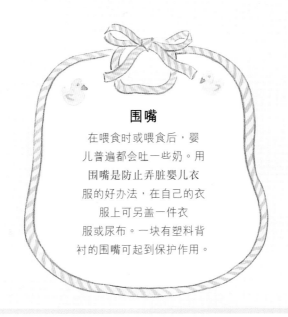

围嘴

在喂食时或喂食后，婴儿普遍都会吐一些奶。用围嘴是防止弄脏婴儿衣服的好办法，在自己的衣服上可另盖一件衣服或尿布。一块有塑料背衬的围嘴可起到保护作用。

● 抱在肩膀

抱起婴儿，让他的头靠在你肩膀上，脸背向你的脖子。一只手托住婴儿的小屁股，另一只手轻轻抚摸或轻拍他的背部。

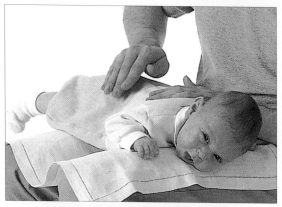

● 横放膝上

让婴儿背朝天伏下，将他的肚子部位横放在一个膝盖上，胸口放在另一膝上。婴儿的头应向外侧，这样没有东西可堵住他的嘴。用一只手或双手轻轻抚摸或拍打他的背部。

● 坐起

把婴儿提到膝上，让他形成一个坐姿。在一只手轻轻地沿着他的肩胛骨抚摸或轻拍时，另一只手托住他的胸口。

母 乳 喂 养 婴 儿

母乳可满足婴儿成长所需的各种营养要求，并可帮助婴儿在出生后几个月内产生免疫力。同时它是一种非常方便的喂养婴儿方式，用母乳喂婴儿不需手忙脚乱地准备奶瓶或进行消毒，乳汁也具备最佳的温度要求。此外母婴间的皮肤接触也是能培养彼此爱意和亲昵的行为。

婴儿出生后的头6个月是一生中成长最快的时期。约4个月大时，大多数婴儿的体重已达到出生时的2倍，满周岁时，将达到3倍。为了满足婴儿的身体成长和正常智力发育的需要，应培养一个健康和固定的饮食习惯。

喂养的需求量

母亲们有时会担心他们的婴儿不能吃到足够的乳汁，或者担心他们的乳房太小而不能充分分泌乳汁。乳汁主要由乳腺分泌，不是取决于脂肪组织，所以乳房的尺寸与母亲分泌乳汁的能力无关。对婴儿定期进行体重检查可证明婴儿的营养是否充分。

对哺乳的需求量完全取决于婴儿自身。有的婴儿喜欢整天吃得饱饱的，所以会每小时索奶一次；而有的婴儿每4小时喂奶一次便足够。

乳汁的分泌量取决于婴儿的需求量。乳房受婴儿的吮吸刺激会分泌出相应的乳汁，所以重要的是引导婴儿的胃口，而不要受时间表的制约。

哺乳的益处

用母乳喂的婴儿极少患有

肠胃炎、肺部感染和麻疹。因为母乳比牛奶更易消化，所以用母乳喂的婴儿极少会便秘。哺乳的母亲通常比采取人工喂婴儿的母亲在体形上更快得到恢复，因为婴儿的吸吮可刺激母亲垂体催乳素分泌，这种激素既刺激乳汁的分泌，也刺激子宫的收缩，促使腹部恢复到产前的尺寸。母乳喂婴儿也会减少妇女得乳腺癌的机会。

交替哺乳

应让婴儿双乳交替吃奶，这样可确保足够的乳汁供应，也可防止乳头疼痛。

交替哺乳可让婴儿吸空一边乳房，或者在他吃饱之前换另一边乳房。婴儿一般不需双乳的乳汁量，所以在每次哺乳时，双乳交替开始。这至少可保证双乳中有一只是空的。用在胸罩带上系丝带的方法来帮助自己记住上一次哺乳是从哪一边乳房开始的。

1 促使寻乳反射

让婴儿舒服地躺在手臂上，抚摸他的脸颊，让他面转向你，准备吃奶。

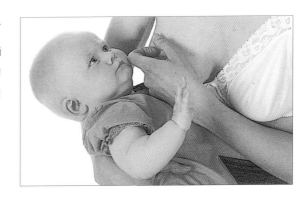

2 提供乳头

用一只空闲的手托起乳房，将乳头凑近婴儿的嘴边。如果他没有自动张开嘴，可用乳头刺激他的嘴唇和脸颊，直至他张嘴。

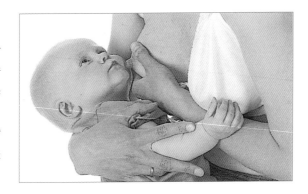

3 检查他完全含住

成功地哺乳应使婴儿的嘴完全盖住乳晕，以形成一个严密的封口。你会感到他的舌头将乳头压向上腭。在婴儿吮吸时，观察他颌骨的动作。

4 建立视线的接触

哺乳是一种放松的和值得做的体验；在哺乳时应注视着婴儿，与他交谈，对他微笑。可任他在乳房上玩，这样可使婴儿形成进食时的愉快感和感受到你皮肤的气息。

5 抽出乳房

一旦感到乳房被排空，可用小手指滑进婴儿的嘴边以打断他的吮吸。不要在婴儿松开你的乳头前强行抽出乳头，这样会弄痛自己。

6 给予另一边乳房

在将婴儿从一边乳房转移到另一边乳房之前，可视需要轻轻拍打他的背部。将婴儿舒适地兜在另一只手中，给他另一边乳房吮吸。

哺乳姿势

　　有许多母亲哺乳时选择坐在低背椅上，或者背靠在家具上，但哺乳时如躺在床上会更方便舒服。在婴儿初生时，哺乳时变换不同的姿势可使他不会只坚持接受一边乳房。同时，这也是防止在一边乳房上出现过度疼痛的好办法。

• 用手抱住

　　这个位置对剖腹产后的哺乳和防止婴儿身

子不停蠕动十分有用。双膝及双腿并拢坐起，双膝拱起。将一只枕头放在大腿上，把婴儿面朝你放在枕头上。用手托住他的头和脖子，用手臂将他抱至身边。

• 斜倚位置

　　如做了外阴切开手术或发现坐起来很痛，不妨采用这个姿势。它也适合夜间哺乳。用枕头充分地支撑起身体。让婴儿躺在你臂弯里，使他的嘴与乳头齐平，把婴儿带向身边，用另一只手托起乳房哺乳。

挤　奶

有时，你不能在某时某地给婴儿哺乳，但又想让婴儿能准时吃到母乳，这样，必须事先挤出乳汁备用。用手或吸奶器将足够的乳汁挤在消毒过的碗中，用已消毒的塑料漏斗将一部分乳汁倒进奶瓶中，封好，贴上注明时间、日期的标签。母乳可

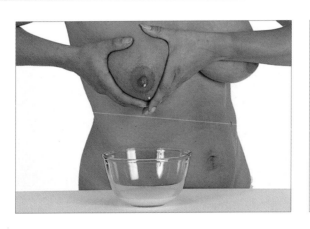

●手挤法

皮肤与皮肤的接触是刺激输乳管的最好办法。洗净双手，正确地按摩乳房。轻轻地向乳晕和乳头方向推动乳房，然后将大拇指放在乳晕上，其他四指放在下面。用有节奏的动作向胸骨方向挤压乳房。几分钟后，乳汁便会涌现。

●手动抽吸法

有多种抽吸法可满足更快挤奶的需要。其中注射式的抽取器是最有效的。它有内外双筒，利用活

在冰箱冷冻室中保存2个月以上，但冷冻方式必须正确。如将它放在冰箱冷藏室中，应在24小时内食用。

如果你的乳房胀满变硬，即里面充满乳汁，也可用挤乳汁的方法处理。挤奶可消除乳房胀痛和促进乳汁分泌。

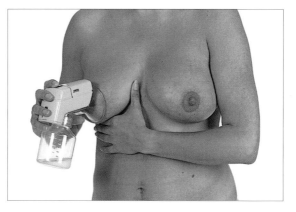

塞吸力抽吸乳汁。带漏斗的内筒在乳头上形成一个紧密的封口，然后套入外筒，稳定几分钟，直至乳汁涌现。

● 机械抽吸法

电动操作的机械吸奶器和小型的电子机械吸奶器很适合家庭使用。这些吸奶器能自动生成挤奶方式，可使乳汁很快流出。机械吸奶器的装置可确保乳汁被直接抽取到奶瓶中，操作更方便。

喂 固 体 食 物 给 婴 儿

除了牛奶以外，给婴儿添加固体食物是促进婴儿成长的关键一步。在婴儿不足3个月大时，不需添加任何固体食物，但3个月以后，就无严格的规则。如有疑问，可向医生咨询这方面的内容。

逐渐地，婴儿饮食口味的变化会告诉你什么时候可开始逐步添加固体食物——他会表现出对

苹果泥

酸奶和草莓酱
（6个月后）

胡萝卜泥

焙烘马铃薯

某种食物的兴趣，并有自己的规律。

　　婴儿进食时可坐在你腿上或婴儿座位上。长柄婴儿匙和塑料碗使喂食既方便又安全，使用前切记要消毒，给婴儿戴上围嘴以保护衣服。大约要花上一个月的时间来训练婴儿学用匙子吃饭的技能。

麦粥

甜马铃薯泥

婴儿固体食物

　　起初，所有的食物都必须制成像稠冰淇淋一样的半流质。用带筛子的搅拌机，或者既可榨汁又带有筛子的食品加工器(搅拌机)加工食物。婴儿麦粥(无麸质)经常被用来作为最初的辅助食物，因为它含有足够的热量和铁质。另外加一些候补食物，包括马铃薯、胡萝卜和苹果泥。避免用鸡蛋，因为它会造成过敏反应。

• 引入固体食物

　　首先在喂奶时加入两三匙的固体食物，但不要减少宝宝的用奶量。这些固体食物仅能够提供一点额外的热量，婴儿仍需从乳汁中摄入基本的矿物质、维生素和蛋白质。几周后，逐渐加入固体食物的分量。婴儿需要乳汁所提供的营养将逐步减少。

● 给予多种食物

可试定一个广泛的食谱，但需慢慢地导入。在每次新加一种食物后过几天再加另一种，以观察是否有负面反应。你的婴儿开始时宁愿吃较温和的食物，所以要避免加有香料的食物。

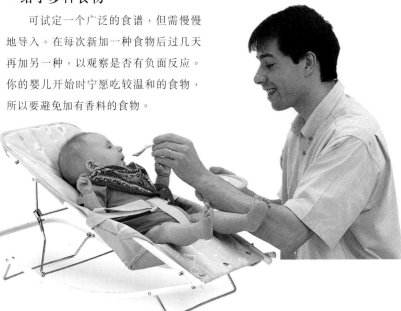

● 用匙喂食

用围裙或布保护好自己的衣服。将婴儿抱到大腿上笔直坐定。用长柄不易碎的婴儿匙舀起一点固体食物，放在婴儿两唇间，使婴儿可以吮进食物。小心不要将匙子伸进嘴里太深，否则婴儿可能会作呕。在他吮食时，嘴边可能会涌出食物，可用匙子刮净。

帮助婴儿自己进食

大约在6个月大时，婴儿会同时出现许多明显的变化。他的背部和颈部肌肉明显成熟，可自己坐在婴儿高背椅上。手和嘴的配合开始协调，会自己用杯子。在进食时开始有咀嚼能力，并靠咀嚼来减轻长牙时的痛楚。有自己进食的能力，既会用匙子吃固体食物和麦粥，又会自己吃长条形食物。

但婴儿会自己吃饭也就意味着更多混乱的出现，对此必须有心理准备。让婴儿坐在一把安全、坚固、易于清洁的高背椅上，将一张报纸或衬垫垫在下面以防食物溢出。给婴儿一把不会断裂的小塑胶匙，这样晃动范围也有限。塑料围嘴可避免出现更糟的情况，在塑胶盘下放一只吸

盘便不会被他打翻。

　　成功地自己吃饭将不仅给予婴儿自信心，也可让他在用餐时加入家庭其他成员中，这也会促进他的社交能力。

长条形食物

　　可将胡萝卜、苹果切成婴儿易抓住的长条形；将面包、鱼条和香蕉切成小厚块。不要给婴儿花生、有籽的水果、没剥皮的厚皮水果以及太小的片状食物，这都容易噎住婴儿。

吸杯

　　这种不会打破的塑胶杯由厚底座、上有吸管并能紧紧卡住杯子的盖子和防止婴儿掉落杯子的双重把手组成。婴儿可能会从喝水或喝果汁开始使用这种杯子。

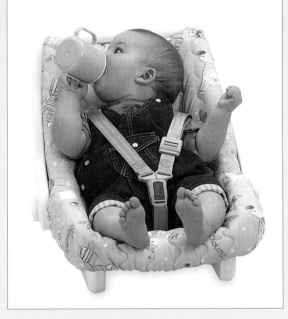

• 给予长条状食物

结实的硬块食物可被婴儿抓着啃。香蕉是父母最普遍的选择——它的甜度可满足婴儿对甜味的要求，又有充足的维生素和矿物质含量。在婴儿吃东西时应多留意他，以防被噎住。

●用手来吃

应鼓励婴儿自己进食，甚至在他用手替代食具时也要如此。不要介意由此可能给你带来的一些麻烦，重要的是让他练习自己进餐的能力。

●用匙来吃

一旦婴儿的肌肉足够强壮，便可将他放在一个高背椅上，但不要丢开他不管。先从给予长条状食物或大人喂他开始。他会很喜欢用手抓着匙子试着给自己喂饭。建议拿他自己装满食物的匙子喂他，然后换给他一把空匙子让他继续玩。

尿布和换尿布

新生儿在出生的头一个月中一天可能要排尿20次，所以得花上大量的时间换尿布。在换尿布时，应确保手头已准备好了一切——干净尿布、婴儿手帕和一只装脏尿布的用完即弃纸袋。在准备过程中，你不能在婴儿尿湿时和暴露身体时

穿脱纸尿片

纸尿片现正成为父母最流行的选择，因为它使用方便，能节省劳力。纸尿片不用清洗和晾干，也不用操心别的事情，如准备大头针、尿布衬或紧身短裤等。不过纸尿片的开销也很大，也有许多人担心它会造成环境问题。

纸尿片有很多尺寸，可确保完全地被贴在婴儿大腿周围。尺寸是否合适的标准是在婴儿的肚子和尿布之间能插进一个手指头。

注意！

小男孩可能因皮肤受到刺激而排尿，可随手用一块多余的尿布盖在他的阴茎上。

单独离开。不要将婴儿留在高桌子等平台上，尽管是一会儿，他都会从上面滚下来。每次换尿布时都要彻底清洁婴儿，事后一定要洗手。

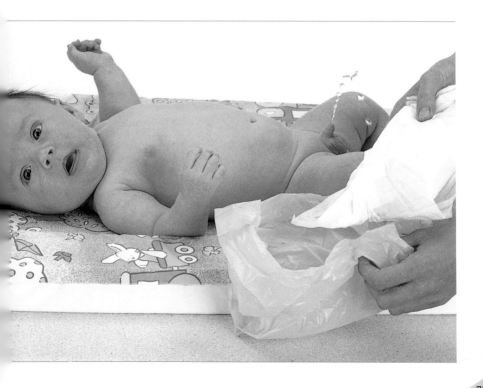

穿尿布

1 打开尿布，垫在婴儿小屁股下

将婴儿面朝上放在尿布台或其他平面上。握住他的踝关节，抬起双腿，将一块打开的尿布放在他小屁股下。

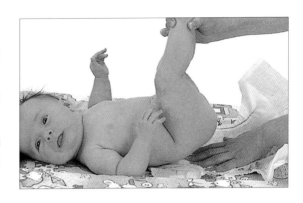

2 在两腿间盖上前片

轻轻地握住踝关节分开双腿，将尿布前片盖住他的两腿间，如果是小男孩，应让他的阴茎向下，这样就不会尿湿腰围处。

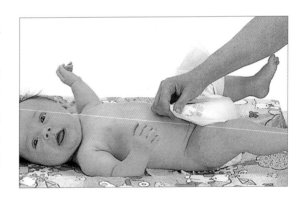

3 扣牢两边

在肚子上抚平尿布。将一侧的尿布折向中间，剥去胶贴的保护层，然后粘住。在另一侧重复这一种动作。朝外侧抚平尿布的顶层。

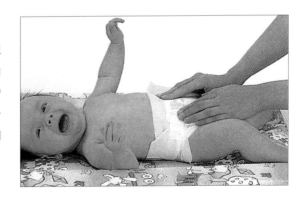

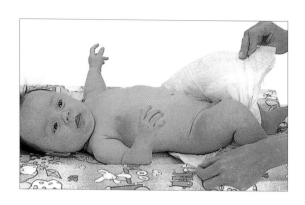

脱尿布

1 首先拉开一侧的胶贴

从尿布一侧剥去胶贴，然后是另一侧，从婴儿两腿间拉下尿布前片。

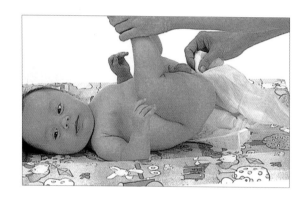

2 用尿布清洁脏物

将尿布前片卷向婴儿的小屁股，以清洁那些排泄物。

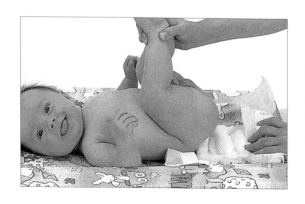

3 卷好丢掉

朝中间折起尿布，卷好，从婴儿小屁股底下抽出。扎起尿布卷，将它丢进塑料袋或尿布袋中。

穿 棉 尿 布

棉尿布有多种折叠方式以适合婴儿的不同体形和尺寸（见"尿布折法"，80页）。新生儿所用的棉尿布应按长方形折叠（见下图）。粘贴式棉尿布也是适用的（见82页）。

在某种情形下，棉尿布比纸尿片更吸水和更利于婴儿排泄。棉尿布也能使婴儿的小屁股周围更透气，所以也就减少了婴儿皮肤发炎和患尿布疹的可能。

棉尿布用100%的纯棉制成，

所以它自身并不防水；使用时需用塑胶片垫在外面。毛巾布做的尿布非常吸水，但体积太大。横机编织的尿布也很合适。棉尿布再加上塑胶片会使婴儿的小屁股尺寸略为变大，所以在给婴儿买衣服时请记住这点。

尿布衬里，特别是单向型的，能将尿与皮肤隔离开，这有助于保持婴儿皮肤的干爽，并防止过度弄污尿布。

必需品

- 为新生儿准备的优质平纹方尿布
- 为稍大的婴儿准备标准正方形或其他形状的棉尿布
- 尿布衬里(可任意选择)
- 有安全头的尿布别针
- 有揿钮的塑料紧身短裤

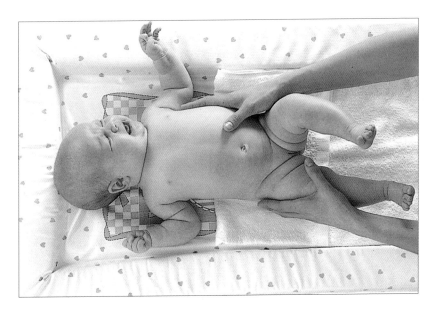

1 将婴儿放在尿布上

将正方形的尿布对折，形成一个长方形。将长方形的短边向中间折上三分之一。如为女孩子穿尿布，在她屁股底下应另外加厚。如为男孩子，则在他阴茎上方另外加厚以增加更多保护。把婴儿放在尿布上，使她的腰部与尿布顶端成一直线。

2 将棉尿布盖上两腿间

拿起尿布两边，把它折向婴儿两腿间，在胃部上方抚平。

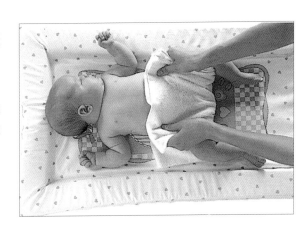

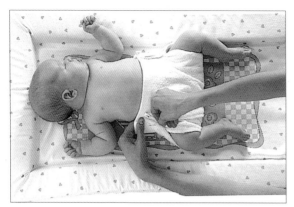

3 两边扣好

手隔在棉尿布和婴儿的皮肤间，在一侧扣上别针。调整松紧，然后扣上另一侧。

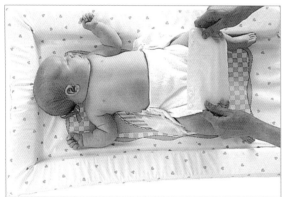

4 穿上塑料紧身短裤

握起婴儿踝关节，举起双腿抬高她的小屁股，然后在她底下塞进打开的塑料紧身裤。将紧身裤的前片盖上她的两腿间。

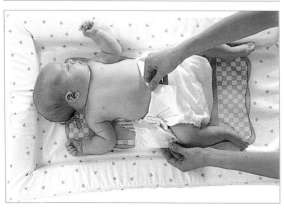

5 扣上搭扣

确保尿布被很好地塞在塑料紧身裤中，扣上一侧的搭扣。然后是另一侧。

其他几种棉尿布折法

除了长方形的棉尿布外(见"穿棉尿布",76～79页),另外还有一些折法可适合婴儿的特殊体形和需求。三角形的折法最简单,它只需要一个大头针。风筝形的折法外形比较匀称,非常吸水,尤其适合不断长个子的婴儿;它需要两个别针。这种折法可通过改变最后一次折叠的厚度来调整尺寸(见右图)。

三角形折法

在尿布台或其他平面上将正方形棉尿布对角折成一个三角形。将婴儿放在尿布上,让他的腰部处在三角形的长边上。将三角形的一个角折向中间,很好地围住婴儿的肚子。重复另外一边的动作。这样还剩一个尖角留在婴儿的两腿间,用一个大大的尿布别针扣住全部三层尿布。

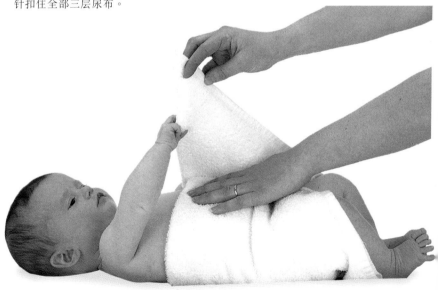

风筝形折法

1 将两边折向中心

将一块棉尿布相邻的两角折向中心，形成一个风筝形。

2 将顶端折向中心

将风筝形尿布的顶端折向中心。

3 将底边折向中心

可通过调整折叠的厚度使尿布面积加大。让顶端与婴儿的腰部成一直线。

穿不用别针的棉尿布

尽管许多父母选择用纸尿片，但棉尿布能重复使用，开销要少得多。并且棉尿布比用完即弃的纸尿片所造成的环境污染要小。

粘贴式搭扣的棉尿布比纸尿片有更多的益处，可长期使用。它的洗涤和穿着方式与棉尿布相同，但不必花时间折尿布。你既不需要用尿布别针，也不用担心别针会刺痛你或婴儿。

不用别针的棉尿布有弹性线脚，可防尿液渗漏，但它的用料不像纸尿片那样是防渗漏的，所以外面还得用塑料紧身短裤（见"穿棉尿布"，76～79页）。同样，也可用尿布衬里。

塑料紧身裤

它能防止尿液渗透到婴儿外层衣服上。

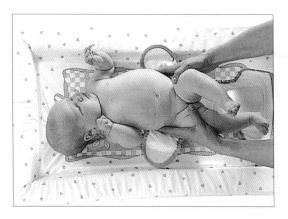

1 将婴儿放在打开的尿布顶层

打开尿布，放在尿布台上。将婴儿放在尿布上，使他的腰部与尿布顶端成一直线。

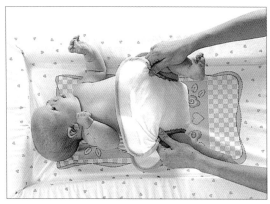

2 将尿布前片盖上两腿间

将尿布紧贴地盖上婴儿两腿间，包围着大腿，但不能太紧。

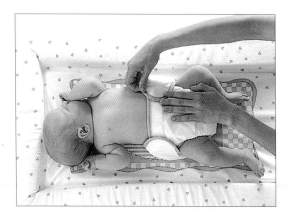

3 扣上两侧

将一侧尿布扣在腰上的自动粘贴上。在另外一侧重复这一动作。如果尿布不十分贴服地贴在肚子上，可除下重扣一次。

脱棉尿布

大多数婴儿不喜欢将他们原本穿得很暖和的小屁股暴露在空气中，所以会对换尿布做出消极反应，往往会以扭动身体或哭泣来进行反抗。所以在这一过程中应心平气和、动作快捷，事先应做好每一项准备工作。需要准备一块干净的尿布、擦布和干净的衣服，如果要给婴儿洗澡，再多准备一块干净的毛巾。在给婴儿换尿布时，可准备一些特别的小玩具给宝宝玩，或者在他视线范围准备一个活动玩具逗她。

换尿布时会给婴儿的小屁股提供接触空气的机会，以免她得尿布疹（见"清洁女孩"，124～127页），在换尿布过程中，可与玩结合在一起。用这段时间给她搔搔痒、吹吹气，吻吻她的皮肤，与婴儿保持基本的交流。这样，不会使换尿布成为一项臭气冲天但不得不做的工作。

"我和宝宝真的很喜欢换尿布的时间，可能她喜欢小屁股干干净净。"

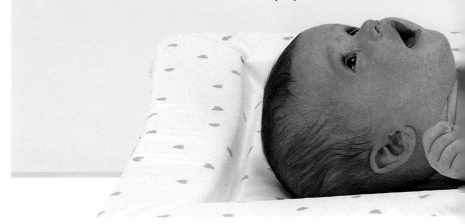

小心，男孩子可能会因皮肤与空气接触而受到刺激排尿，可准备一块多余的尿布盖在他的阴茎上。

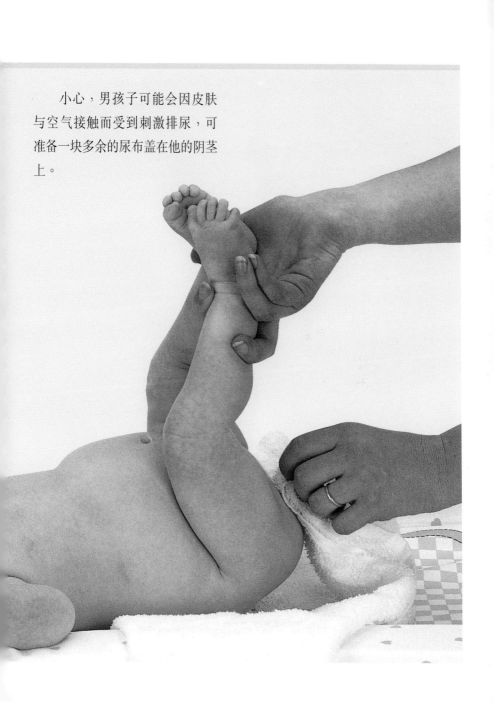

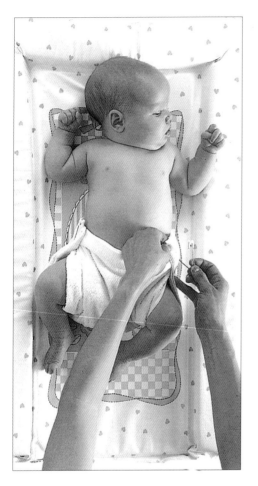

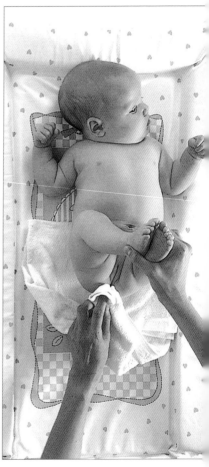

1 解开尿布

将婴儿放在尿布台上。如尿布上有别针,将手插在尿布与婴儿的皮肤间,然后小心地解下每个别针。将别针放在婴儿触不到的地方。用粘贴式尿布只需在两侧拉开胶贴即可。

2 从两腿间拉下前片尿布

慢慢地拉下尿布以检查污染程度。如屁股上有些污迹,可用一只手握住婴儿的踝关节,抬起她的小屁股,用尿布边拭去秽物。

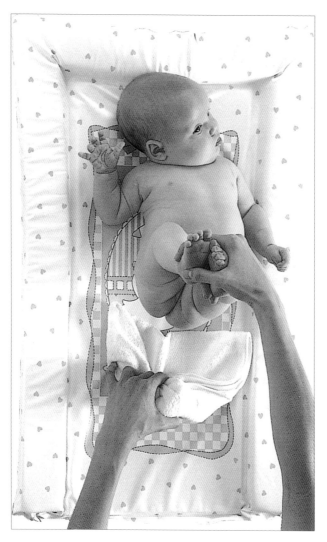

3 卷起尿布丢掉

此时，婴儿的小屁股仍抬高着，向中间折起尿布四边，从他小屁股底下抽出尿布，卷好丢掉。

处 理 脏 尿 布

虽然可重复使用的棉尿布有很多优点，但洗涤、彻底消毒和晾干是一件很费力的事情。为将忙乱降到最低程度，应事先做好充分的准备工作（见右图）。因清洗不彻底而残留有氨（ammonia）和细菌的尿布会造成尿布疹和过敏反应。而在洗涤尿布时用了太多的清洁剂将使婴儿娇嫩的皮肤发炎。所以应小心地量好清洁剂的分量，每件东西都过水两遍。

将脏尿布泡在消毒溶液中至少6小时以彻底消毒。记住应用不同的桶浸泡染有粪迹的尿布。每个桶都要有不同的颜色，用以辨认。桶的容量至少能浸6块尿布，但又不能太重，以免在装满时拿不动水桶。确保桶上有坚实的把手和紧扣的盖子。

尽可能在抽水马桶中擦去尿布上的粪迹，然后在流动水下漂清。尿布衬可按制造商的说明，留在马桶中冲去。然后将尿布浸在用盖子盖紧的桶中。

在水龙头下冲洗被尿污染的尿布，然后拧干。

洗塑料短裤可在水中渗入一些洗涤液，水温不能过热也不能过冷，否则塑料会变硬。如果塑料太硬，可将干衣机开在低温挡烘干，使之柔软。

必需品

- 2只胶桶——一只装粪迹尿布，另一只装尿迹尿布。
- 塑胶钳子
- 胶手套
- 消毒液
- 塑胶盒
- 清洁剂

1 在两只塑胶桶中倒入消毒液

手接触消毒液时应戴上胶手套，并将消毒液放在孩子接触不到的地方。

2 将尿布放进桶

在水龙头下过清染有尿迹的尿布，然后拧干。在抽水马桶里冲掉尿布上的粪迹。将尿迹尿布浸在一只桶中，将粪迹尿布浸在另一只桶中，至少浸6个小时。

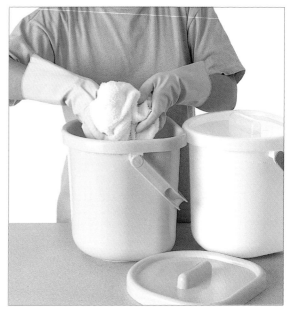

3 用钳子取出尿布

彻底拧干尿布，小心地处理掉消毒液。在热水中漂清尿迹尿布，然后晾干。用洗衣机的加热循环功能洗粪迹尿布，然后漂洗两遍。

4 洗塑料短裤

在一盆温水中倒入一些清洁剂。在盆中洗塑料短裤，然后取出晾干。如变硬，可用干衣机的低温挡弄干，使之柔软。

给婴儿穿衣服

年幼的婴儿基本上不喜欢皮肤暴露在空气中，而且也不喜欢在穿衣服时被衣服蒙住头。将衣服放在伸手可及的地方便可解决这一问题。不管婴儿是否已会翻身，不要将他单独留在升起的平台上。

记住，婴儿的皮肤在这一时期是非常敏感的。在给婴儿穿衣服时，可亲吻或与他搔痒嬉戏，但要格外小心地呵护他。给婴儿挑选衣服时要考虑到婴儿皮肤的敏感性。全棉、全毛等天然织物既保暖又透气。要避免挑选拙劣的衣料。想想自己小时候是多么讨厌穿上令人发痒的衣服！

穿汗衫

在婴儿刚出生的头几个月中，他自己调节体温的能力还不很完善，因此，婴儿非常容易过热或过冷。除非天气非常温暖，婴儿才可只穿一件汗衫。在大热天，婴儿仅穿汗衫和尿布即可。

汗衫的样式有很多种（见96页），设计时都考虑到了与婴儿身体不相称的巨大的头围。汗衫宽松的衣领设计可方便地被脱穿。这是特别重要的一点，即让婴儿在穿衣服时保持高兴的心

"流行是永不嫌早的！"

情，否则他
会很容易被拖在脸上的衣服弄得
很不高兴。

在穿脱汗衫时，应确
保让衣服始终不垂在婴儿脸
上。在洗衣时用衣物柔软剂使汗
衫的质地保持在最佳状态。

1 将汗衫放在头后

双手将汗衫卷到衣领处，然后尽可能撑大开口。将汗衫放在婴儿头顶。

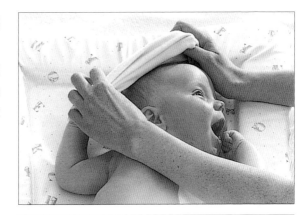

2 穿过头部

轻轻地抬起婴儿的头，在将汗衫从婴儿脸部和颈部通过时，小心不要碰到鼻子和耳朵。

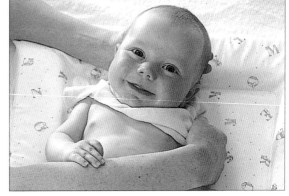

3 调整汗衫和定位袖子

沿着婴儿颈部伸直汗衫。拿起一只袖子，抓拢衣服，向袖子里伸进自己的一只手。

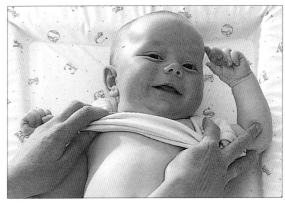

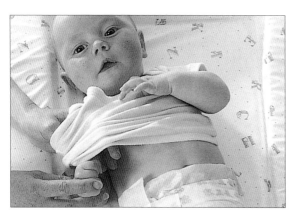

4 伸进袖子抓住婴儿的手

用空余的一只手抓着婴儿的手到袖口处。拉出婴儿手腕，顺势往下拉衣服。

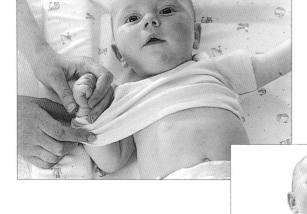

5 将袖子盖上婴儿手臂

抓住婴儿手腕，用空余的一只手轻轻地将衣袖盖在手臂上。

6 拉直汗衫

轻轻地把汗衫拉到背部和胸口，如可能，在他两腿间扣上揿钮。小心不要夹痛婴儿。

不同式样的汗衫

大开口衣领的汗衫可方便地给婴儿穿脱，它有不同的式样可提供选择。揿钮式的汗衫能很好地扣牢衣服，但凹凸不平的揿钮很有可能夹痛新生儿娇嫩的皮肤。

新生儿衣服的最佳选择是交叉式汗衫。它边上系带，可像开襟衫一样穿脱（见110页）。揿钮式汗衫是新生儿的必需品。它一般都很宽大，可让大人在给婴儿穿衣服时将手伸在揿钮和婴儿的皮肤之间，以保护他娇嫩的肌肤。这种式样的汗衫不会给婴儿造成穿衣服时脸部被蒙住的不舒服感。

在婴儿长大一点后，可穿沿肩膀开一排揿钮的汗衫。这些揿钮能使汗衫的衣领开口变得更大。

婴儿衣服中最流行的衣领设计是信封领衫。它将衣料交迭在肩膀，在伸开衣服时，能让衣领变得更宽。

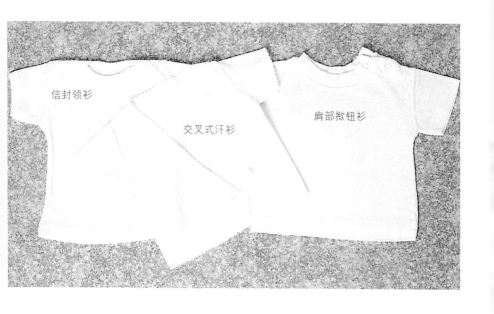

信封领衫

交叉式汗衫

肩部揿钮衫

连衣裤

　　这是一种在两腿分叉处有揿钮的短袖连衣裤。它比普通汗衫更能保持婴儿暖和。信封领衫可使婴儿方便地穿脱，揿钮可方便地进行换尿布。实际上，它最适宜在频繁地换尿布时穿。

脱 汗 衫

婴儿光着身子面对寒冷的空气会很不舒服，所以当他们被脱下衣服时会很不高兴！因此应在温暖的地方给婴儿脱衣服，并要快些给他穿上衣服，或者，用温暖的毛巾或毯子将他的身子包裹一下。

在给婴儿穿衣服时，可触摸他的肚子以安慰他。母子之间的肌肤之亲对于建立亲子关系是非常重要的保证，穿脱衣服是加深这种亲密关系的良机。

脱衣服时，应先放松婴儿的手臂。将汗衫的前片卷上头部，然后是背后。弯下腰紧贴着婴儿先做个游戏，在牵起汗衫时吻吻他的肚子，这样他就不会觉察正在脱衣服！注意，避免让衣服垂在婴儿脸上。

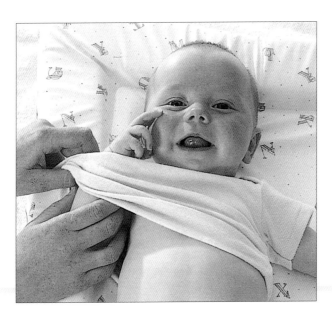

1 轻轻地拉出婴儿的手臂

用一只手捏住衣袖，另一只手轻轻地从衣袖中拿出婴儿的手臂。在另一边重复同一动作。

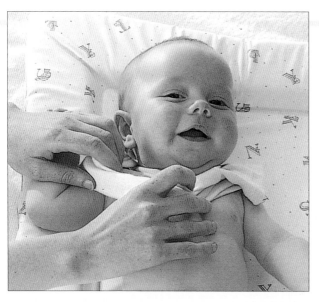

2 将汗衫卷到颈部

将衣服集中到婴儿颈部。双手尽可能宽展地撑开他的衣领。

3 脱汗衫

小心不要碰到婴儿的脸，用平稳的动作将汗衫从婴儿脸上褪到头顶。然后轻轻抬起他的头，脱下汗衫。

穿连衣裤

连衣裤是许多婴儿主要的衣服。它既容易穿脱，又可覆盖整个身体，包括脚，所以你不必担心婴儿双足的保暖问题。

在买连衣裤时，应挑选不褪色的和手感柔软的质料，当中以天然织物为佳。选购尺寸应以婴儿的身高体重为尺度，因为婴儿这段时期长得非常快，所以，连衣裤的尺寸应稍大些。另外，用棉尿布的婴儿所选的尺寸更应大一点。

选购时应尽量选宽松的连衣裤，它可给予婴儿一个成长的空间。应特别注意衣领部分要宽松些。

"最初他就像一只八爪鱼一样抓，到处都是手和脚，而当我扣上揿钮时，它只需花2分钟即可完成。"

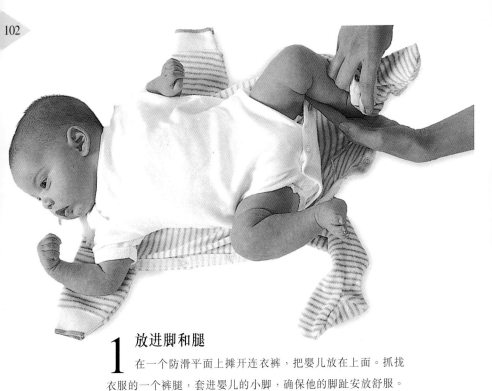

1 放进脚和腿

在一个防滑平面上摊开连衣裤，把婴儿放在上面。抓拢衣服的一个裤腿，套进婴儿的小脚，确保他的脚趾安放舒服。将裤腿拉上婴儿的大腿。在另一只脚上重复同一动作。

2 穿袖子

抓拢衣袖，轻轻套上婴儿的手腕，小心他的手指和指甲不要被衣服勾住。

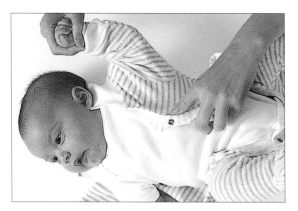

3 盖住手臂和肩部

将衣服套上手臂，拉至肩膀。将衣服拉过手臂。如果袖子太长，将袖口对折一下，使手露出来。然后穿另一只袖子。

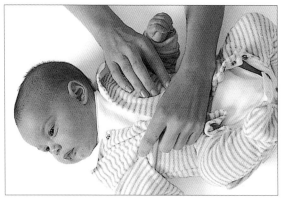

4 伸直两边

调整连衣裤，使两片衣襟在中间合拢，揿钮相互对准。

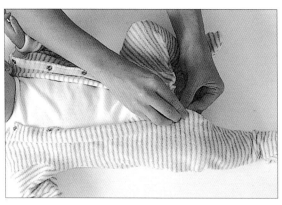

5 揿上揿钮

从两腿胯下开始，向衣领方向揿上揿钮。开始时很容易揿错，所以应确保正确地揿好两腿胯下的揿钮。

脱连衣裤

婴儿需要像换尿布一样频繁地更换衣服。连衣裤能使这一复杂的工作简单化，因为它可容易地解开脱下。当你在给婴儿换尿布，你可以给他遮盖着胸口。这点非常重要，因为婴儿不习惯赤裸裸地暴露在寒冷的空气中。皮肤暴露可能是为什么婴儿总是在换衣服时大吵大闹的原因，而倒不是因为你伤了他。作为预防，应使换衣服的地方和房间很温暖，用毛巾或毯子包裹住婴儿。

可让换衣服的时刻变得充满乐趣，这是与婴儿亲近的良机。可亲吻、抚摸和按摩他暴露的身体，可拉着婴儿的手教他抚摸自己的身体。

同样，应轻柔地脱下婴儿的衣服。记住，脱衣服的目的在于从婴儿身上除去连衣裤，而不是让身体脱离连衣裤。

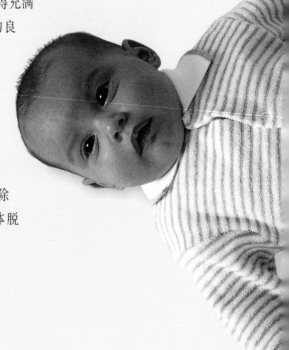

"当我母亲看着我给女儿脱连
衣裤时总要说，在你小时候，
给你脱衣服是多么困难——
衣服上那么多褶边！"

1 从腿上除去衣服

　　解开所有的揿钮。提起婴儿的膝盖，轻轻地将衣服拉离他的大腿。在另一边重复同一动作。

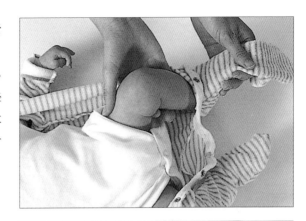

2 检查是否尿湿

　　在婴儿身体底部摸一下，看他是否需要换尿布。如准备换尿布，仍将衣服在婴儿身上盖好，以免着凉。

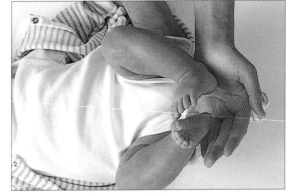

3 从背上抽出衣服

　　用手举着婴儿的腿，轻轻地从背部向肩膀抽出衣服。

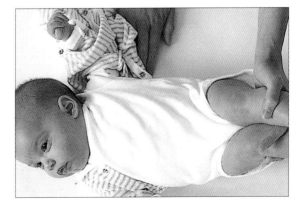

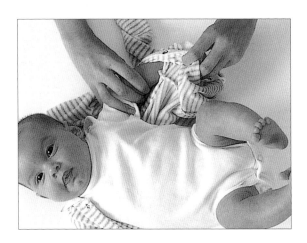

4 从手臂上除去袖子

用手抓住婴儿肘关节，轻轻地将衣服拉离他的手腕，在另一手臂重复同一动作。

5 抽去连衣裤

用手托住婴儿的头部和颈部，稍稍抬起他的身体。从身体底下轻轻地抽去连衣裤。

准备外出物品

带婴儿外出时做准备工作的时间可能会与外出时间一样长。外出时避开人多拥挤处和不要在繁忙时间乘交通工具，因为将婴儿拥挤在人群中可能会使他生病。

带婴儿出门在年龄上无特别的限制。尽可能准备充分，给婴儿穿着整齐。因婴儿尚不能调节自己的体温，所以与你处在同一

旅行袋内的必需品

- 有塑料衬背的换尿布台，有时也可将它系在袋上。
- 纸尿片
- 装脏尿布的塑胶袋或处理尿片袋
- 脱脂棉或尿布擦
- 婴儿油
- 防晒油
- 如不打算哺乳，带一瓶新鲜牛奶
- 装上水或果汁的奶瓶
- 婴儿食物和匙子
- 围嘴
- 擦口水的绵布
- 拨浪鼓或另一些能逗乐婴儿的软皮书等玩具
- 奶嘴 (视需要而定)
- 替换衣服

环境中时应给他多穿点衣服。

　　事先做足准备，预备一个有

分类格的旅行袋，可提高外出的情趣。

给他戴顶帽子

　　没有帽子遮盖的头顶上会发散大量的热，所以应给婴儿戴顶帽子。大热天，戴顶太阳帽可帮助婴儿挡住日光的侵袭。

穿开襟衫

一旦天气转冷，有许多保暖的衣服可给婴儿穿。在真正的大冷天，带暖衬的滑雪衫是最适宜的，在仅给婴儿穿件连衣裤的情况下这样穿也可御寒。另外，一件羊毛衫和便帽也足够御

1 套上袖子

将婴儿面向前坐在你的大腿上。抓拢开襟衫的一只袖子，将它套上婴儿的手和手腕。

2 套第二只袖子

将袖子拉至肩膀，然后将开襟衫绕过他肩膀。将另一只袖子抓在手中，套上婴儿的另一只手。

寒。用无绒毛线织的平针连衣裤可保护婴儿手指不受冷。天然织物如羊毛等可保证婴儿暖和而不出汗。不冷不热的天气，穿一件全棉开襟衫便最理想了。

3 扣上钮扣

将第二只袖子拉上婴儿手臂，在穿妥开襟衫后，扣上钮扣。

让 婴 儿 入 睡

吃 饱穿暖后，新生儿一般一天要花60%的时间在睡眠上。他随时随地即可入睡显然是一个优点，直到婴儿形成一个固定的晚上入睡时间，才可带婴儿在晚上外出。所以建议你买一些可随身携带的床，如：手提的婴儿床、婴儿提篮或有把手的汽车椅。

婴儿完全可以睡在露天，只要注意避免他吹风、被蚊子咬和受到日光直射。

婴儿猝死综合征(SIDS)

婴儿猝死综合征（又名"摇篮死"）是每个做父母的梦魇，它每年都造成了一些婴儿的死亡。感谢近几年来的研究，找出了婴儿猝死综合征的致命因素。

最重要的原因是婴儿的睡觉姿势。除非有医生嘱咐，否则婴儿应仰卧而睡。另一个重要原因是

睡眠辅助物

在婴儿大点后，他会在摇篮里翻身。V形的睡眠辅助物或滚动摇篮可帮助婴儿保持仰睡的姿势。当然，应保证婴儿的嘴鼻不被盖住。

吸烟引起。研究显示父母双方只要有一人吸烟，婴儿患婴儿猝死综合征的危险率便是双倍。如果父母双方都吸烟的话，其危险率为3倍。

另外，同样重要的一点是不要让婴儿过热，所以婴儿穿的衣服和盖的被子应与你自己差不多，这是比较适宜的温度。几条轻薄的毯子比一条厚重的被子更能让父母控制婴儿的体温。应摸婴儿的腹部以检查他的体温，而不是摸他的手或脚。

稍大的婴儿

固定在摇篮边的一本图画书或一面宝宝镜有助于吸引睡醒的婴儿。据婴儿猝死综合征研究组织介绍，软玩具和枕头不宜放在婴儿床上，尤其是在婴儿一岁以前更不适宜。

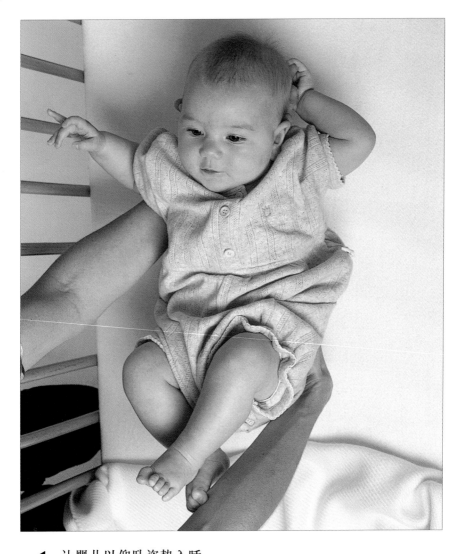

1 让婴儿以仰卧姿势入睡

一般应把婴儿面朝天放在婴儿床或婴儿车上。调查报告显示，到目前为止，这是最有效防止婴儿猝死综合征的方法。

监听设备

　　许多父母喜欢用
一种通话机式的监听
器放在婴儿床边，以
提醒他们婴儿在哭。

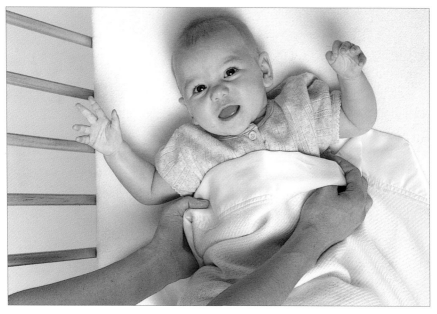

2 盖上轻而薄的毯子

被单和几条轻而薄的毯子是必需的。如有可能，婴儿可睡在一种新式有气孔
的泡沫垫上，它被一层塑料保护着，上面可铺一条全棉被单。

清 洁 婴 儿

　　大多数婴儿都喜欢洗澡，但不是所有的婴儿都喜欢那么做。新生儿有着特别娇嫩的皮肤，所以他需要被浸在水中和用全棉毛巾小心擦洗。有的医生认为新生儿不宜马上浸在水中，直到脐带脱落和包皮环切的伤口愈合才可进行。

　　一旦你觉得有充分信心为婴儿洗澡，可找一个塑胶的婴儿澡盆，用中性肥皂和清洁剂为他洗澡。如婴儿已能坐起，可将他移到普通澡盆中。此时，婴儿会将洗澡看作一天

清 洁 新 生 儿

　　一个从头到脚的清洁工作是每个新生儿所需的。尽管新生儿只有脸部、颈部折痕、手和脚裸露在外——但生殖器和小屁股也会变得很脏(见"护理脐带部位"，148页)。

　　清洁新生儿应用脱脂棉——每次拭擦都用一块清洁的垫子——所用的须是冷却的开水。不要用自来水、爽身粉或肥皂去清洁婴儿眼睛的周围，因为这会使婴儿娇嫩的皮肤变得很干燥。同样，不要清洁婴儿的鼻孔或耳朵里面；婴儿的内部皮肤会被自动分泌粘液清洁——拭擦它们反而会伤害这些器官。新生儿的四肢仍会向身体蜷曲，所以需要轻轻拉开它们。

中最重要的时刻之一。

　　起初婴儿将不喜欢被弄湿和浸在水中，特别是在裸露的皮肤上感觉到寒冷的空气时。那么，应相应推迟洗澡，直至婴儿完全接受。在为婴儿洗澡时，动作应尽可能地快，用一块大而软的蓬松毛巾放在散热器上加温。清洁婴儿的窍门是将所需的每件东西都放在手边，洗澡过程中注意力不能离开婴儿。

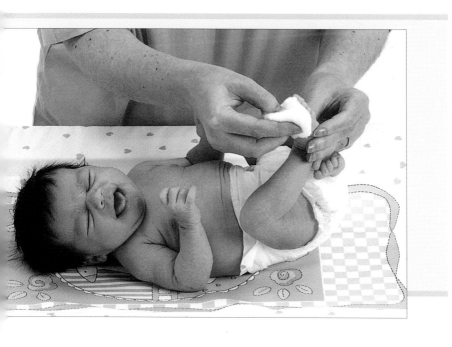

1 清洁婴儿眼睛的四周

用消毒水弄湿脱脂棉，由内眼角向外眼角擦拭。换一块干净的脱脂棉清洁另一只眼睛，以防互相感染。在耳后和周围部位擦拭，但不要伸进去。

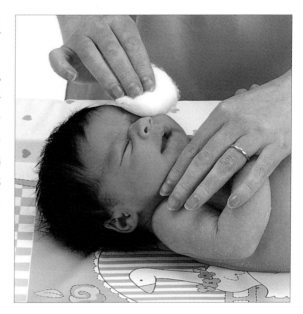

2 擦拭颈部和腋窝褶皱

用些干净的脱脂棉拭擦婴儿的颈部褶皱，以除去汗迹和污垢，否则会引起发炎或溃疡。轻轻抬起婴儿每只手臂，拭擦其腋窝周围，那里褶皱的皮肤会因相互摩擦而引起痛楚。用一块柔软的毛巾彻底擦干身子。

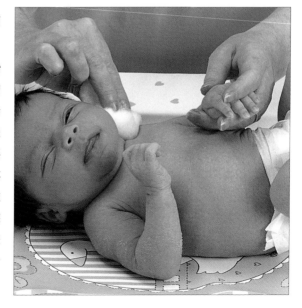

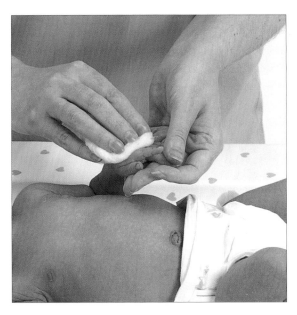

3 分开手指

用更大团的脱脂棉擦拭手，分开手指，检查指甲尖和手指间的污垢。用柔软的毛巾或衣服擦干婴儿小手。

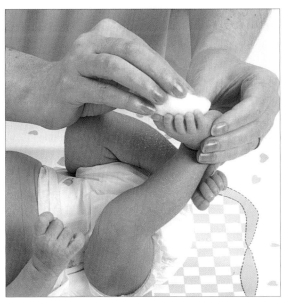

4 别忘了脚

从头到脚拭擦婴儿的小脚和趾缝。脚趾会紧紧地蜷曲在一起，可轻轻分开它们。然后，用毛巾擦干。

清 洁 男 婴

每次在给男孩子换尿布时，都要清洁他的外阴部和小屁股。因为他会将尿溅得到处都是，所以应拭擦他的肚子和腿部，或者沾有尿迹的皮肤，不然会造成发炎。

包皮环切口

男孩子生下来时，阴茎头被皮肤包裹着。有的父母便选择在医院或家庭宗教仪式上做包皮切割手术，以露出阴茎头。这一习俗深受宗教、社会、文化和美学传统的影响。但包皮切割手术未得到儿科医生普遍的推荐。

被切割了包皮的阴茎显然更健康，但手术本身会造成一定的感染。如果决定对婴儿进行包皮

必需品

- 装有凉开水的澡盆——在婴儿大点后，可直接从水龙头中取温水
- 充足的脱脂棉
- 装脏棉花球和脏尿布的塑胶袋
- 干净的尿布
- 为擦偶尔的溢出物准备的法兰绒布块

慢慢除去婴儿的尿布

婴儿的皮肤受到空气的刺激时，或会因此而排尿。为避免出现飞溅场面，应逐步除下前片尿布。

切割，最好先咨询你的医生。

　　婴儿被切割包皮后，应小心地观察有没有受感染的迹象。这种手术虽然非常小和简便，但经常会造成肿胀和出血。除非伤口完全愈合，否则应避免弄湿婴儿的阴茎。

　　在为一个没有做包皮切割术的男孩清洁时，如发现包皮非常紧地包住阴茎，不要硬推包皮，这极易弄伤婴儿的阴茎。只需仅仅清洁其表皮即可。几年之后，婴儿的包皮自会变松，可以被推上去清洁。在未变松之前它会自洁。

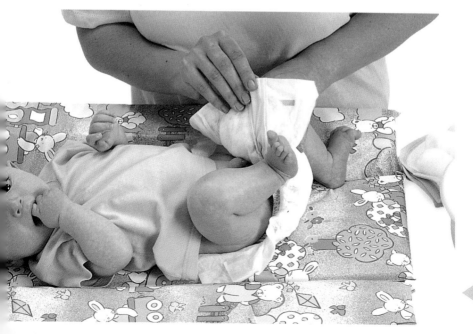

1 检查他是否肮脏

小心拉开婴儿的尿布，如果很肮脏，用尿布的角去清洁大部分的污迹。

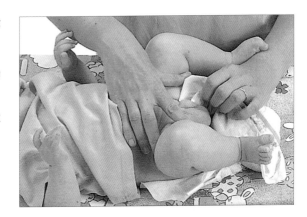

2 清洁腿间的褶痕

将宝宝的双脚分开，以湿润的脱脂棉擦拭肚和腿之间皱叠的皮肤。

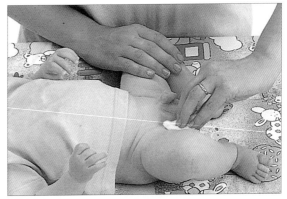

3 擦拭宝宝的阴茎

用干净的脱脂棉清洁婴儿的阴茎。离开他的身体，向下擦拭。切记要清洁他睾丸的四周。

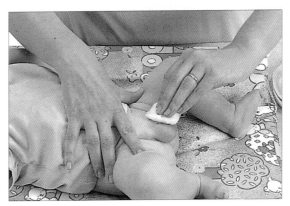

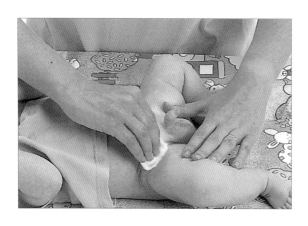

4 擦拭宝宝大腿上端

可能有些尿液会留在大腿上端，所以要用更湿润的脱脂棉彻底地擦拭这个部位。

5 清洁他的屁股

用一只手握住宝宝的足踝，温柔地举起他，使他的屁股离开换尿布台的平面。干净湿润的脱脂棉清洁他大腿的背面及肛门的位置。如果他拉屎，你可能需要用更多脱脂棉去做彻底的清洁工作。

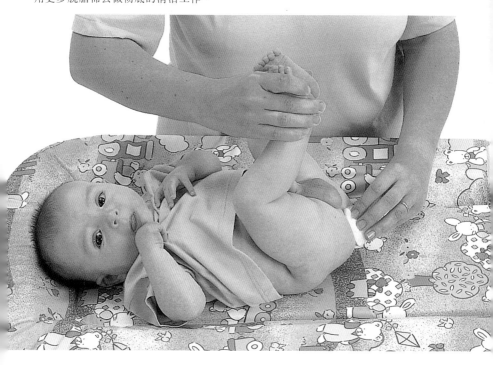

清洁女婴

在给女孩子换尿布时，应彻底清洁她的小屁股。同时可将该部位暴露在空气中一会儿，以使皮肤从覆盖状态中得到一点休息。

不要去清洁女孩的外阴内部，该部位相对不会产生很多污垢，如果你拉开外阴褶处，会造成不必要的感染。应坚持从前向后擦拭，这样肛门部位的细菌便不会污染到阴道，每一下清洁都要用干净的脱脂棉。

你也许会注意到，新生儿的阴道口会流出一些血或白色的分泌物。这是因为母亲的激素仍留在婴儿体内所致。几天后这情形就会消失。

肠蠕动和胎粪

新生儿第一次大便的颜色会很深，质地胶粘。这便是胎粪。胎粪是婴儿肠内残留的子宫物质。随后，婴儿的大便颜色便会变淡，质地也会变硬。

尿布疹

因为皮肤与空气和阳光接触得太少，经常处在极度潮湿的环境中，并且受到尿

尿布疹的迹象

在小屁股周围或胖胖的两腿褶皱里，会出现一片红点或红疹，这便是明显的迹象。

以冷霜保护

在换尿布时，将一些锌氧化物类的冷霜厚厚地抹在发疹处。

粪中化学物质的刺
激，皮肤便会发炎，
形成尿布疹。

空气的益处

让婴儿的小屁股离开整天兜着的尿布一会儿
工夫，使它暴露在空气和阳光中。刚换完尿片便
是最好的时间。

1 用尿布清洁婴儿屁股

如果婴儿拉屎，用尿布边缘擦去屁股下的溢出物。

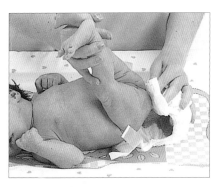

2 清洁婴儿肚子

稳定而又轻柔地举起婴儿，将她放在换尿布台上。需将她紧紧蜷缩在一起的四肢从身上拉开。在凉开水中浸湿干净的脱脂棉，擦拭她的肚子部位。等脐带部位愈合后，可换用自来水。

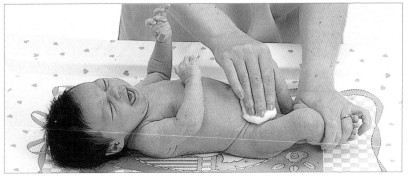

3 擦拭腿褶处

取干净的脱脂棉清洁她的腿褶处。从身体上稳定地向下擦拭。

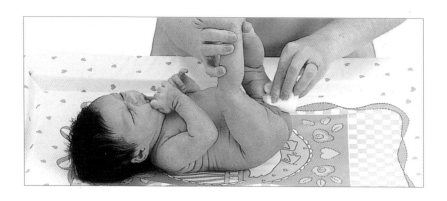

4 清洁外阴部

一只手握住婴儿脚踝，然后轻轻举起，使她的外阴暴露出来。用干净而湿润的脱脂棉清洁婴儿生殖器的外阴唇。不要拉开外阴唇去擦里面。每一下清洁都要用干净的脱脂棉从上向下擦拭，这样才不会将肛门的细菌带到阴户上。

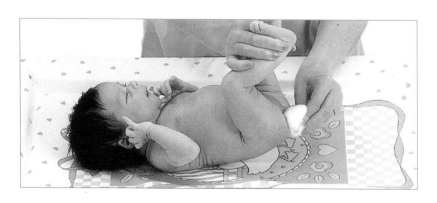

5 清洁屁股

仍将婴儿从换尿布台上举起，用干净而湿润的脱脂棉擦拭她的肛门部位。如有必要可清洁她的大腿背后和背部上方。

给婴儿海绵浴

所有年龄的婴儿，特别是幼龄婴儿，都会对洗澡时被浸在水中感到非常不耐烦。同样，父母可能对要从水中抱出一个滑溜溜不停扭动的婴儿也会感到不知所措。洗海绵浴是一个不错的替代方法。

一旦婴儿会抬头后，可让他坐在你大腿上，用一块海绵给他擦身。幼龄的婴儿都不喜欢被脱光和弄湿身体，用海绵擦身可避免产生以上问题。

擦身前先喂饱婴儿是个好办法，可免他产生饥饿感。

确保手头的每件事都已准备好：装温水的盆——一个用来擦澡，另一个用来漂清，一块海绵或柔软的法兰绒。在腿上铺一块大大的绒毛毛巾。穿上围裙以免自己被溅湿；垫在婴儿身下用防水衬的毛巾，因它比塑料布更柔软。

擦澡时，脱光婴儿身上的衣服，将他裹在毛巾里用以保温。用一块拧干的海绵，以防水滴在婴儿身上。

"洗海绵浴对我们来说是莫大的乐趣。我们或者再不会浸浴了！"

1 擦脸

在给婴儿脱衣服以前，用清水浸湿海绵给婴儿擦脸。特别注意眼睛和嘴巴部位。如有必要，可用毛巾轻轻拍干。

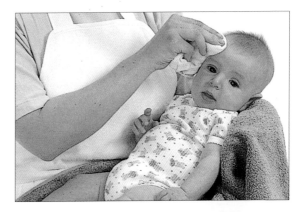

2 清洗胸口

脱去婴儿上衣。用肥皂水弄湿布块拭擦他的胸口，确保拉开他皮肤褶皱和腋窝处。不要擦干。用干净水拭去肥皂水。

3 用毛巾拍干胸口

拿起毛巾末端，轻轻印在婴儿身上以擦干水滴。

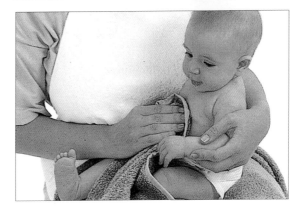

4 洗背

用手托住婴儿身体，让婴儿背靠向前，然后清洁、漂清、拭干他的背部。穿上上衣。

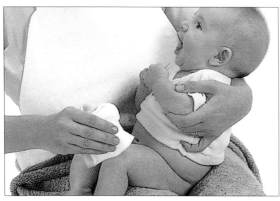

5 清洗腿部

除下尿布，用湿润的肥皂水布清洁婴儿腿部，特别注意清洁他腿上紧紧团住的褶皱和膝盖后的皮肤。然后漂清擦干。

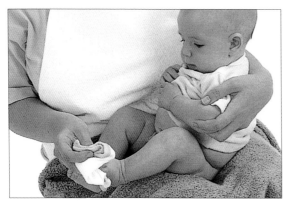

6 最后洗脚

清洁婴儿的脚背、脚底和脚趾间。然后擦干。

洗　头

在婴儿出生后的几个星期中，需要每隔几天用温水清洗他的头发，以除去汗渍和污垢。在头几天不需用洗发水，一旦婴儿头上长出足够多的头发后，可用温和的洗发水清洗。必要时可用梳子或发刷。

婴儿对头发被弄湿的态度很有可能影响到洗头的过程。婴儿都特别不喜欢脸上有水，所以应尽量避免。如果婴儿真的不喜欢被弄湿头发，不要强迫他。稍稍擦净他的头发，过两周再试一次。

记住除非婴儿感到安全，不然他不会感到洗头的快乐。如果他不喜欢被反抱在手中(见134页)，可坐在浴缸边，然后将婴儿抱在大腿上。一般应用无刺激的洗发水，但也要避免水流进眼睛中。

婴儿头皮上普遍都有粘在头上的胞衣(见"照料孩子的头发和指甲"，152～153页)。这没有什么危害性，通常在几周后便会自行消失。

囟门

婴儿出生时，他的头颅骨尚未完全合拢，在头顶上尚留有一块小小的软骨。这

头发护罩

为了防止洗发水或肥皂水流进婴儿眼中，可给婴儿戴上这种护罩，它恰好卡在发际，可挡住一些水滴。

就是我们熟悉的囟门。对这一部位应格外小心，因为一旦弄伤它，会影响婴儿的大脑，当然因它覆着一层坚韧的薄膜，所以也不必完全避开它。在囟门上可像清洁其他部位的皮肤一样，进行简单的擦洗。直到婴儿两岁左右，它才会完全长合在一起。

用海绵擦洗

　　如果你害怕给婴儿洗头，或者他不喜欢常规的洗头方式，你不可强行脱去他的衣服或将他放进澡盆中。将他抱在腿上简单地洗一个海绵浴（见"用海绵擦身"，128～131页），用一块湿润的海绵或法兰绒给他洗头。然后用一块柔软的毛巾轻轻擦干他的头发。

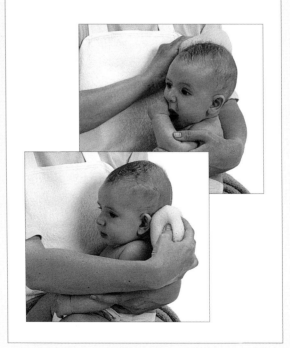

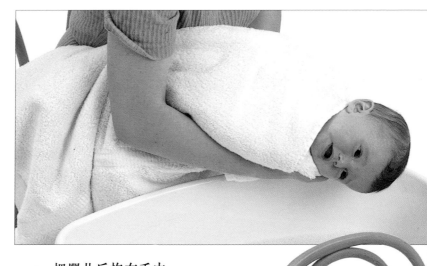

1 把婴儿反抱在手中

脱去婴儿的衣服，把他裹在毛巾中。将他的腿放在你手臂和身体间，这样可用腋窝挟紧他。用前臂托住婴儿的背部，将头兜在你手上。把他带到水盆或澡盆上。

2 弄湿头发

用肘部试一下水温，不要过烫（见136页）。用空着的一只手舀起一些水弄湿婴儿头发。轻轻地在头发上涂上些无刺激的婴儿洗头水，然后漂清。也可在洗澡的水中加进洗头水。

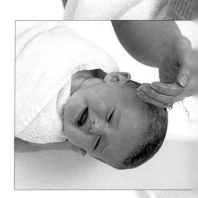

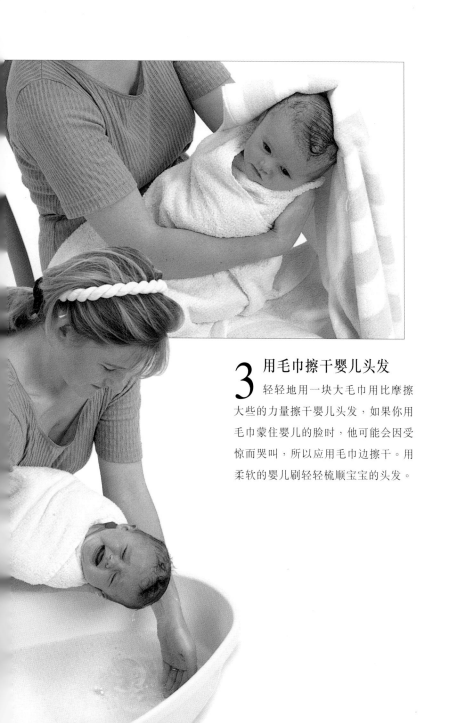

3 用毛巾擦干婴儿头发

轻轻地用一块大毛巾用比摩擦大些的力量擦干婴儿头发，如果你用毛巾蒙住婴儿的脸时，他可能会因受惊而哭叫，所以应用毛巾边擦干。用柔软的婴儿刷轻轻梳顺宝宝的头发。

给婴儿洗澡的准备

在给婴儿洗澡以前，手头上应准备好每件需要的物品。给婴儿洗澡的首件注意事项是"从不在洗澡时离开无人能看顾到的婴儿"。做足洗澡的准备，可避免出现举着个湿淋淋的婴儿到处找东西的窘况。

用手提澡盆给婴儿洗澡便可在任何房间内进行。应确保房内温暖，澡盆应放在远离风口的防滑垫上。

必需品

- 有防滑底座的婴儿澡盆
- 有塑料衬的防水围裙
- 温和的婴儿梳洗用品
- 装有凉开水的小盆
- 脱脂棉

试水温

婴儿的皮肤非常娇嫩，所以洗澡水的温度不宜过烫。用肘部试一下水温。如不能确定，可用温度计测试一下，水温应在30℃左右。

- 大而柔软的
  毛巾
- 海绵或软法
  兰绒
- 干净的尿布
  和衣服

1 脱去婴儿部分衣服

除去婴儿的尿布及所有外衣，除了汗衫以外。坐在澡盆边，大腿上盖上毛巾，准备脱光她的衣服。可在婴儿屁股垫上一块多余的尿布，以保护你的衣服不被她的尿溅湿。

2 全部脱光婴儿衣服

轻轻地从婴儿脸上

卷起汗衫的衣领，脱
下。用毛巾包裹婴儿，
以免她着凉。

3 清洁婴儿的脸

用干净的棉花球和凉开水沿着婴儿眼睛和嘴
角给她洗脸。稍大的婴儿可用浴巾和自来水。如
果要用洗发水给婴儿洗头（见132～135页），最好在
将婴儿放进澡盆之前进行。

给婴儿洗澡

在婴儿7个月时，她可不用依靠大人而支撑自己独立坐起，此时可将她放在一个小塑胶盆中给他洗澡，将澡盆放在半腰高的位置，以免扭伤你的背。如用洗澡架，应确保它是非常牢固的。在澡盆底部可放一块橡皮垫，既可防滑，又可给婴儿更多地方去抓紧，但仍需在抱着他时用一只手托住她的背部和肩膀。如前文所述，不要在无人照顾的情况下离开婴儿。

在洗澡时应始终对婴儿微笑和交谈，以帮助婴儿享受洗澡的乐趣；动作要轻柔，避免将水溅到他脸上。确保洗澡水保持暖和。

一些父母喜欢在将婴儿放进澡盆时先给他们涂上肥皂。另一些父母则喜欢在洗澡水中倒进婴儿皂液。一般来说，应先洗婴儿身上最干净的部分，再洗最肮脏处。这一方法可避免婴儿受到身体各部位的细菌互相传染的机会。

洗澡辅助物

放在澡盆底部的橡皮垫可起到防滑和增加安全性的作用。也可买块泡沫垫，这样可在安全的位置上抱起婴儿。

"她应该已经印
上'小心湿滑！'
的字样。"

1 将婴儿放进澡盆中

　　脱去婴儿身上的衣服，将她托在手上，用一只手托住她半个屁股，另一只手托住她的肩部和头部。先将屁股部位放进澡盆中。

2 漂清他的身躯

在轻轻地向婴儿胸口和上腹部泼水时，应以向上位置托住她，对婴儿微笑并与她交谈以逗乐她。

3 清洗背部和颈部

让婴儿坐起，用手抄在她腋窝下，用手臂托住她胸口。洗清她背部上方和颈部后面。

4 清洗屁股

仍用手托住婴儿胸口，将她在澡盆中转个身，使脸对着水面。清洗背部的下半身。

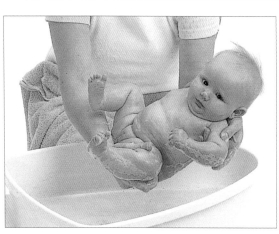

5 从水中抱出

用一只手牢牢地托住她肩膀以防他滑动，用另一只手放在她屁股下。轻轻地把婴儿转向你使她脸向前，然后抱出澡盆。

擦 干 婴 儿

在尿布台上准备一块打开的毛巾将婴儿放在上面。由专业婴儿用品制造商生产的连兜帽全棉毛巾舒适、温暖，可额外给婴儿使用。首先应在散热器上温热毛巾，但要避免过烫。

将婴儿从水中抱起后，将他包在毛巾中擦干，在这一过程中应一直与他交谈微笑。这是一个让婴儿感觉到爱和安全感的极好机会。

在给婴儿穿衣服以前，应耐心地将他皮肤褶皱，特别是大腿褶皱处擦干。如有水滴留下，有可能会造成发炎——湿气会造成尿布疹。

如要给婴儿抹婴儿爽身粉，应先倒在自己手上，这样婴儿不会吸入呛着；不要在兜尿布的部位使用。用爽身粉也要防止皮肤干燥。在水中倒点婴儿油或在娇嫩的部位涂点婴儿润肤露可保护婴儿敏感的皮肤，可用防水的油膏如冰冻的凡士林来防止尿布疹。

记住婴儿的皮肤非常敏感，所以用柔软的毛巾轻轻拍打比来回拭擦更好。

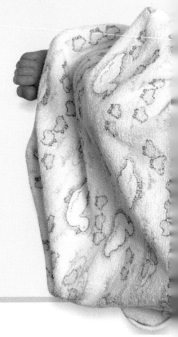

"我的宝宝洗澡后的气味最好闻。我喜欢闻他皮肤上的香气。"

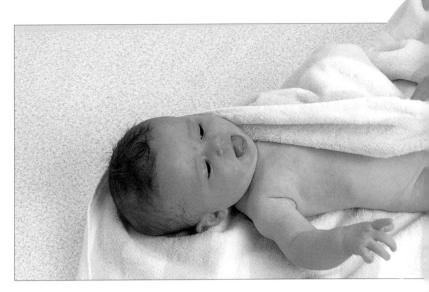

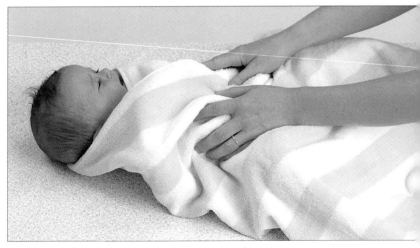

2 从头到脚拍干

两侧裹好他后，轻轻地将他拍干。特别注意他大腿周围的褶皱、脖子周围、兜尿布的部位和腋下。

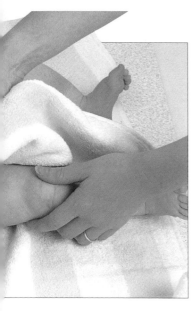

1 将婴儿放在毛巾中心

从澡盆中抱出婴儿后，将他裹在温暖的毛巾中。轻轻地在两侧交叉盖好，注意不要盖住他的脸，这会使他受惊哭泣。

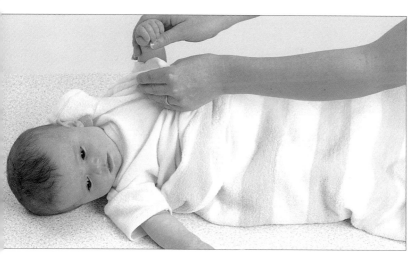

3 穿衣服时仍盖好毛巾

在给婴儿穿衣服时，在他所有暴露部位都盖上毛巾。这将防止他着凉。为安全起见，每次洗澡都应用干净的毛巾。

日常护理程序

除了日常的清洁工作外，婴儿身上有几处部位是需特别关注的。应注意新生儿的脐带部位，如果是男婴则要特别留心他的包皮环切处（见"清洁男婴"，120～123页）。婴儿的指甲很尖利，为了避免抓伤他自己，你必须将它剪短。婴儿有

护理脐带部位

脐带是婴儿在子宫里的生命线，通过胎盘将他与母体联系在一起。脐带能带给婴儿氧气、营养、抗体和激素，所以胎儿发育完全依赖它的供应。

在婴儿出生后进行第一次呼吸时，在几秒钟之内会产生两个重要的变化——双肺第一次膨胀，血液开始在肺内循环流动，明显地流经脐带孔。霎时间，婴儿可以独立存活了。

出生后不久，婴儿的脐带在离肚脐几厘米处被剪断。因此处没有神经，所以婴儿不会感到疼痛。脐带逐渐收缩、变黑，大约在10天之内脱落。有的父母出于感情因素，会保存婴儿的脐带残端。实际上，这部位也很易被污染的，特别在它变湿或变脏时。

婴儿的脐带残端敷了一段时间后，可试着让它暴露在空气中，这样会更快变干、愈合和脱落。

在脐带已干枯后，有少量的

时会俯睡在摇篮里，这点也要多加注意。最后，如婴儿开始长牙，在日常护理中要增加对牙齿和牙龈牙床照料的时间。

液体排出是正常的；如果肚脐渗出脓液或血，周围部位开始发炎肿胀、变红、触之发热，这些症状表明显然是受到感染，要找医生诊治。

脐疝

在婴儿哭时，应注意他的肚脐有无突出。这种突出被叫做脐疝，在新生儿中发生是很普遍的。

在新生儿的腹壁上有一个开口，可让血管延伸到脐带中。在脐带被剪除之后，腹部肌肉开始围绕肚脐生长，但有时候它长得不完全。在婴儿哭泣时，会给这些娇嫩的腹部肌肉形成压力，使肠子穿到了肚脐之下。这种膨胀有时是非常小的，有时有高尔夫球大。

一般在一两年后这一开口会自行愈合，所以不必做外科手术。

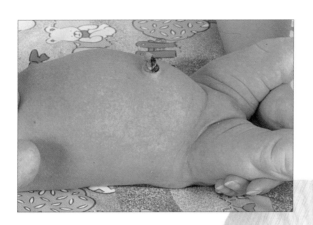

2 清洁脐带残端

身边的中年妇女们会给你如何清洁婴儿脐带的建

1 将脐带残端暴露空气中

如将脐带残端暴露在空气中，它会很快变干和痊愈。在湿润的情况下，特别不要在上面盖上塑料片和尿布，应确保它自始至终是干燥的。

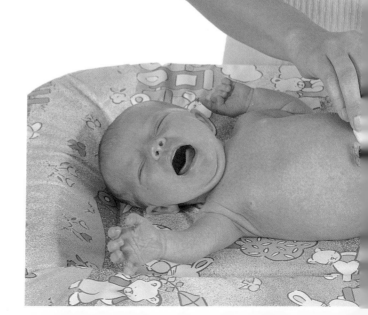

议 。 如他们所说
的，用湿润干净的
脱脂棉轻轻地拭擦
脐带、周围部位和
肚脐裂缝处。

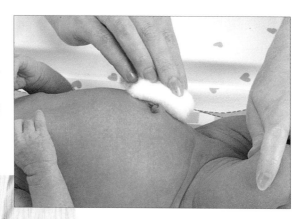

3 脐带脱落之后

脐带脱落时可能会出几滴血，但
伤口会继续愈合。你应该每天清洁它
和保持它的干燥，直至完全愈合。

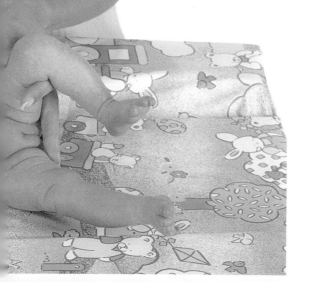

护 理 婴 儿 的 头 发 和 指 甲

有的婴儿出生时满头头发，但这比较少见。大多数婴儿头发稀少。两周之后，不管头发是厚是薄，新生儿的头发将逐渐脱落。大多数父母会为此忧心忡忡，但这是十分正常的。婴儿也可能有一身软的毳毛，它也会在两周内被磨掉的。

起初，婴儿的头发只需简单的护理，可用湿布或海绵拭擦（见"洗头"，132～135页），用柔软的梳子梳通。对胎脂也用同样手法处理。新生有胎脂是很普遍的，但这不是严重的事情，一般在两周后便会消失，可用婴儿油或专门的胎膜霜软化胎脂，在第二天早晨刷掉，这样可很快除掉鳞片。

新生儿的指甲都很长，应及时修剪以防婴儿抓伤自己。你可

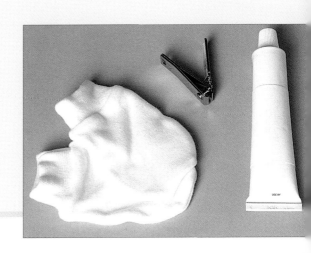

能会对剪如此细小的指甲感到很紧张，以下有几个小窍门帮助你。洗澡后指甲会变软，可趁此时剪掉它。用一把钝头的指甲剪或婴儿指甲钳沿着手指的自然线条，压着手指肉去剪指甲。在婴儿大点时，他可能会反抗，所以需要有一个同伴固定住婴儿的手。如果你仍害怕给婴儿剪指甲，可用嘴轻轻地啃下指甲——嘴会比剪刀更灵敏。给婴儿带上柔软的连指手套，可防他抓伤或刺痛干燥的皮肤。

脚趾甲一般比手指甲长得慢，但经常会超过皮肤范围侵入趾甲床内。修剪趾甲比较困难。为避免剪到婴儿的皮肤，要沿一直线修剪趾甲。如果不慎剪破了皮肤，可用棉纸吸去血渍，然后用消毒药膏轻轻涂在上面。

胎脂

● 胎脂印迹

有的婴儿头皮上会出现一种由油脂而产生的黄色、鳞片状的斑块。这会导致皮肤发炎,特别在头皮部位。

指甲

● 给婴儿修剪指甲

让稍大的婴儿坐在你腿上,使你可安全地抱着他。用一只手

● 处理胎脂

若需要,可用婴儿油按摩头皮使之变软。将婴儿油留在头皮上一整晚,然后在第二天早晨用柔软的刷子刷去鳞片。

稳定地举起婴儿
的手指，另一只
手持一把钝角指
甲剪沿着指甲自
然线修剪。

幼龄婴儿的指甲

可给他戴上一双柔软的手套，以防他抓伤自
己或使干燥的皮肤发炎。

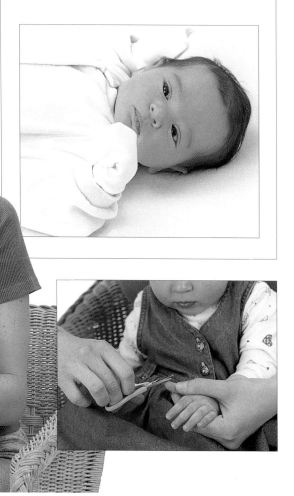

出　牙

婴儿的第一副牙齿被叫做乳牙。它们的数量共有20颗，大约在婴儿两岁半时长齐。大概因为第一副牙齿非常白的缘故，所以被叫做乳牙。

你的孩子大约在6岁时开始掉牙。它们将逐步被替换成32颗恒牙。

虽然乳牙不是永恒的，但它们却很重要，因为它能让宝宝学会正确地发音和咀嚼食物。最重要的是，它们为恒牙保留了成长空间。在婴儿出生前，乳牙已在牙龈牙床下形成，所以有的婴儿出生时已长有乳牙。如果有这种情况产生，需要带婴儿到儿科专家那儿检查一下，看它是否被安全地固定住；如果它生长不稳定或者妨碍到喂母乳，这样就不得不拔除它。

第一颗乳牙大约在5个月或6个月时出现，但在3个月至12个月之间，会产生许多变化。在第一颗牙露面之前，会有几个星期中出现长牙的迹象。婴儿开始流大量的口水，在牙齿露出牙龈牙床时开始变得烦躁不安。

出牙环

可用这种柔软、清凉的橡皮牙环，以安全地减轻婴儿长牙的痛楚。

以下几个建议可帮助减轻婴儿长牙时的痛楚。

误区

发烧、呕吐和腹泻不是长牙的征兆——尽管有些父母会这样认为。这些是婴儿生病的征兆，需要带婴儿去看医生。

牙齿出现时

牙齿是上下对应而出，首先出现的是两颗下前牙。它被称为下中切牙。接下来长出的是两颗被称为上中切牙的上前牙，然后是上侧切牙，位于上中切牙的两侧。之后是第一乳磨牙、尖牙、第二乳磨牙。在婴儿一岁时，他应有一套8颗牙齿，4颗在上，4颗在下。

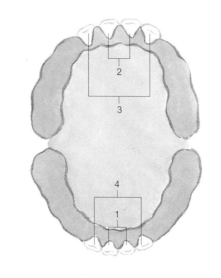

• 流口水

婴儿有时会将手指甚至整个拳头放在他嘴中；这可能是因为他正在长牙，想要减轻一些刺痛的感觉。这样便会有许多口水流在下巴上和嘴唇周围，你必须给他擦去口水以防出现红疹。如果已有皮疹出现，可在周围抹上凡士林。

• 出牙环

这种特别的橡皮玩具内含冻胶，所以必须将它放在冰箱里冷冻几小时。婴儿将出牙环放在嘴里啃，可减轻牙龈牙床周围的刺痛。

● 长牙饼

可买一些专门的宝宝脆饼或长牙饼给婴儿啃，一块坚硬的面包或圆的面包也可帮助减轻牙床牙龈上的刺痛。一些折成小片的饼干可被婴儿顺利咽下而不会造成伤害。检查这些脆饼和长牙饼应是无糖的。

● 第一颗牙

婴儿的牙齿非常尖锐。但仍有许多母亲在婴儿长了满口牙时仍顺利地给婴儿哺乳，重要的是教婴儿不要咬人。

护 理 婴 儿 的 牙 齿

一旦婴儿开始长牙，便应对牙齿和牙床牙龈进行日常护理。如婴儿仅长了一两颗牙，可在干净的手帕或纱布上挤上点牙膏，用它来为婴儿擦洗牙齿。专门厂商出品的"乳牙"牙膏含有低剂量的氟化物。避免含有糖分的牙膏，虽说它能使牙膏的滋味更可口，但这些糖分只会刺激牙斑出现。应尽量阻止婴儿吞下牙膏。

在婴儿长出更多牙齿时，可开始用牙刷刷牙。在几年内婴儿尚不能靠自己完全清洁牙齿，所以父母必须对此负责。婴儿喜欢模仿大人的动作，所以可让他在旁边观察你刷牙的动作，边拿着自己的牙刷刷着玩。必须在每天早上和每晚临睡前给婴儿刷牙。

平时应限制婴儿食谱中糖的摄入量。不要让婴儿含着装满牛奶或果汁的奶瓶睡觉，这样他的牙齿因浸在糖汁中而会引起龋齿。另一方面，给婴儿吃大量未经加工的水果和蔬菜，因为它有天然的糖分，而且易于咬啃。

经常检查婴儿是否有龋齿的迹象，如在牙齿上见到一些白色、黄色或棕色的斑点，应去看牙医。在孩子3岁以后，他大部分的牙齿应已长齐，你便要带他作固定的牙科检查。

氟化物

氟化物是一种矿物质，它能加强牙齿的釉质以帮助对抗龋齿。大多数婴儿能从本地的饮用水供应中得到充足的摄入，但从一个地区搬到另一地区后，水中的氟化物含量也会发生变化，所以应到本地的供水部门去了解一下，如果本地自来水中未含有足够的氟化物，可向健康顾问、牙医或医生征询意见，为婴儿补充氟化物。

牙齿的安全

　　尖锐的玩具会对婴儿的牙齿和牙龈牙床造成伤害。所以应让婴儿啃柔软但不易破损的物体。

• 用纱布清洁宝宝一至两只的牙齿

　　用纱布轻轻地擦拭婴儿的牙齿和牙龈牙床，以除去会形成龋齿的牙斑、细菌和酸性。也可用棉花球替代。

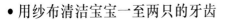

• 牙线

　　如牙医或健康顾问建议你用牙线清除一些嵌在牙缝间的食物残迹，可拿一根如下图所示的牙线，慢慢地在婴儿牙齿之间小心地抽动，然后轻轻地向牙背和前方滑动。

牙刷

儿童牙刷品种繁多。孩子会被颜色明亮的牙刷所吸引，并乐意接受它。

挑一把有柔软的圆头刷毛牙刷，每6至8个星期换一次，尽管看上去不那么旧也要换，因为从婴儿口中带出的细菌会聚集在牙刷上。牙线一般是不需要的，但在医生偶尔的建议下可一用。

● 早晚给婴儿刷牙

让婴儿背对着你坐在大腿上，小心地用牙刷刷他的牙齿和牙龈牙床。轻轻地上下刷牙的动作能除去牙斑。在刷婴儿口腔后部时要小心，因他可能会害怕有东西塞进口中。试着形成早晚刷牙的规律。

与 婴 儿 玩 乐

婴儿通过玩乐，可清楚地反映出他的智力、体格和感官的发育阶段。起初他仅仅喜欢看活动的物体和色彩明亮的玩具。在2个月时，他的动作协调性增强，他开始会拍打物体，尤其是吊着会移动的音乐玩具。在婴儿3个月时，他开始通过击打和抚摸物体来感觉它们，所以他需要在他视线范围内的物体停滞不动以供他触摸。在大约5个月时，他喜欢将每样东西都放进嘴中，所以你应挑选那些小而轻的玩具供

他操控，但要有一定的厚度，以防他噎住。记住婴儿的注意力较分散，不要将钱浪费在购买昂贵的玩具上，他会很快对它失去兴趣，简单的家常玩具例如钥匙或几张纸巾便足够了。

在购买玩具时，应挑选那些

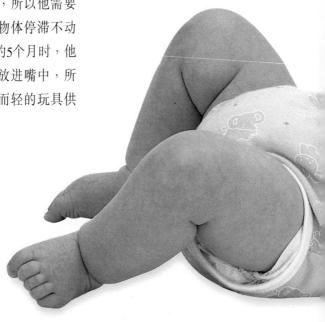

色彩明亮、反差强烈而能发声的玩具，这样能更容易引起婴儿的兴趣。婴儿接触活动物体、杠杆和按钮玩具能锻炼他双手的灵巧性，并教他有关因果关系的概念。

记住：安全第一。不要给婴儿有尖锐边缘的或者可拆去钻子的玩具，因为这会割伤手指，或者会扣住喉咙的。婴儿玩乐时，要经常看管他。

乐趣从何处找寻

一些再简单不过的纸巾会吸引婴儿的兴趣，并教他有关质地和柔顺感的知识。

● 悬垂玩具

不同形状的玩具垂吊在玩乐椅、儿童床或婴儿圈栏上可为幼龄宝宝提供许多乐趣。

● 多重用途玩具

许多玩具具有不止一种的用途。例如卷轴既可一节节叠起，又可用绳串起来拉动。

• 按钮玩具

一旦婴儿具有一点儿灵活性后，他会喜欢玩按钮玩具及模仿大人的动作。

• 玩具篮

婴儿的注意力较分散，所以给他买大量的简单玩具会比买几件昂贵的玩具实际得多。婴儿也喜欢做将东西从篮子里取出放进的游戏。

• 拉动玩具

拉动玩具拉动起来有"啪嗒"响声，又能促使细微的手指运动，是一种长期受婴儿喜爱的玩具。

父母和婴儿之间的活动

除了睡觉、吃饭、哭闹、洗澡和换尿布外，父母与婴儿之间最值得做的事便是玩。在许多方面，父母与婴儿之间的相互交流比单纯地照料他的生理需要更重要。在母子间保持和增加情感的亲和力是至关重要的，它能教会婴儿社交和与人沟通的能力。在与婴儿一起玩时可纠正他的动作和提高动作协调性，这样可帮助婴儿的情感和智力水平的发展。可通过呼应婴儿的讯号和

鼓励婴儿的反应

用一件简单的玩具，如拨浪鼓等，可教给婴儿有关声音、动作和结构的许多知识。婴儿的一些正面反应可通过他不同的微笑和大笑表现出来。

鼓励他的努力来建立他的自信
心，并奖励和鼓舞他的信任和
爱心。父母是婴儿第一个、也
是最重要的老师，而游戏则是重
要的教学工具。

● 捉迷藏

　　婴儿喜欢看你将东西藏在毛巾或沙发垫下，然后当你问他"丢失"的东西在哪里时，他重新将东西找出来。可用大量的赞美和拥抱来奖励他。

● 躲猫猫

　　这个游戏能让母子双方都从中感到快乐。做夸张的脸部表情和声音去蒙住你的脸，然后再显示给婴儿看。虽然你已"消失"了一会儿，但婴儿仍会很高兴地欢迎你回来。

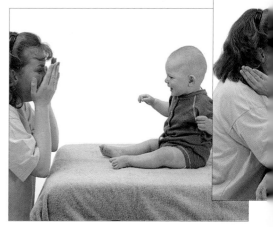

● 一起阅读

　　婴儿会很欣赏你的声音和正在阅读的故事，虽然这故事他并不完全理解。为婴儿指出故事中的物件和人物。在他再大点时，他会自己指着它们去问问题。

● 玩玩具

　　为使玩乐的时间更有生气，便要给婴儿的玩具创造出更多动作和声音上的特性。这有助于唤起婴儿对玩具的兴趣，否则他会很快厌倦。

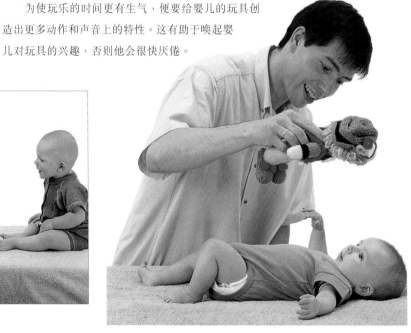

生病的征兆

在危急时，即是当婴儿失去知觉，发生呼吸困难、痉挛，或者表现出不寻常的昏睡、脸色发紫或非常苍白、不正常的身体发软时，你必须立即带婴儿去医院就医。但有些时候你可能确定不了是否要找医生。如出现以下症状，应立即去找医生。主要的病征是：升高或非常低的体温——高于

判断婴儿是否生病

医生只有在偶尔的情况下才会上门出诊。如果你必须要到诊所和医院，应尽量预备婴儿症状的资料，如以上所述的症状。综合出现的症状要比一些单独出现的症状严重。

随时都可判断婴儿是否生病的最基本检查便是测量体温。婴儿的正常体温应是37℃。当免疫系统对抗传染病时，体温会升高，即发热，而严重下降即显示体温过低。应替他量多次体温，因为体温可能会出现波动。不要用口量的方法给婴儿测量体温，以免他咬碎温度计，因为当中的水银是含有剧毒的。最准确的量体温方法是肛门测量，尽管许多父母宁愿在腋下量体温。最不准确的方法是用前额体温带。

给婴儿探脉

平时父母不需要给婴儿探脉，但婴儿生病时医生会推荐这个方法。

婴幼儿的脉搏跳动很快，一般每分钟有100～160次 (bpm)。一

38℃或者低于35℃以下（直肠测得）；持续腹泻（超过6小时）；呕吐；失去正常食欲；倦怠；不停哭闹。这些都说明他正受病痛的折磨。医生将根据这些症状的记录，对婴儿作出正确的判断。

岁以后的幼儿的脉搏跳动稍慢，为100～120bpm。可在婴儿胸口的左边乳头放上手掌，或者在他腕

关节或肘关节上都可摸到脉搏。

探脉

　　将15秒钟的心跳数目乘以4，便是bpm（1分钟的心跳次数）。

● **在腋下测量体温**

　　尽管这种方法比直肠量得的体温准确度稍差（腋下的体温比体内的温度低约0.6℃），但这仍是日常值得推荐的方法。将婴儿抱在大腿上，擦干腋窝，晃几下温度计，将水银端塞在婴儿腋窝下，帮他夹紧手臂，停留3分钟。

• 直肠测量体温

最准确的测量体温方法是用直肠温度计，但许多家长认为量直肠会使婴儿不好受。但如医生建议你用直肠表，可在直肠温度计（水银端短而圆的那种）的顶端涂上冰冻的凡士林来使它润滑。轻轻地从宝宝的肛门口塞进12～25毫米。建议将婴儿面朝上放在一个平面上，抓住他的脚踝，将他的膝盖曲向肚子，这样，婴儿的肛门便可清晰地显露出来。将直肠温度计放在婴儿的肛门中1分钟。

• 在耳朵测量体温

带有红外线耳鼓图像的跳字式体温计测量出的体温高度精确，几乎瞬时即可读到。但这种测量技术多用于医院和一些专业的健康护理中，不在日常使用。

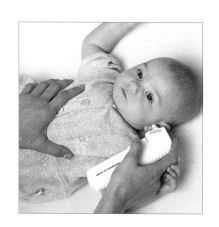

• 用前额体温带测量体温

将体温带放在婴儿前额上，手指各按住一端约1分钟。尽管它具有使用方便的优点，但不是非常准确，仅可作基本参考。

当婴儿生病时

在找医生看过病、查清婴儿的病因后，需要花些时间来看护生病的婴儿。作为父母来说，看到婴儿身体不舒服是十分令人苦恼的，但你可提供温暖和关怀的环境。婴儿生病时特别需要与母亲非常亲密的身体接触，并要求得到更多实实在在的注意。如果你给婴儿哺乳，会发现他只不过想从吮吸中寻求到一点安慰。

如果婴儿在呕吐、腹泻或发高烧，你需要给婴儿喂大量的流质以补充他失去的水分。发高烧是很危险的，所以必须试着降低婴儿的体温。不要给他穿太多的衣服，确保在他房间里有充足的新鲜空气供应。试着给婴儿用海绵擦身（见左下图）。在他退烧时，用毛巾擦干他的身体，并盖上棉被。切记勿用冷水。

基本上你应按医生指导，你最大的任务是遵照医生的处方给婴儿吃药。

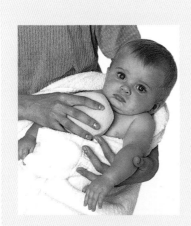

用海绵擦身

将婴儿裹在毛巾被中，让他坐在你的腿上。将一块厚海绵浸在热开水中，使之冷却到微温的程度，然后给他擦身。

免疫力

　　婴儿可从胎盘和哺乳中得到抗体，以帮助他对抗许多感染，防止得到许多容易感染而流行的幼儿疾病。有几种病是很危险，并有可能致命的，所以你必须给宝宝接种疫苗来对抗最主要的幼儿传染病，如白喉、百日咳、小儿麻痹症、麻疹、流行性腮腺炎、风疹、乙型肝炎。一种混合针能防止婴儿得破伤风。一些抗体聚集在一起，通过一个疗程的注射可对抗几种传染病。许多传染病都能用注射疫苗来预防。中国大陆儿童预防接种程序见190页。

● 口腔注射器喂药

把婴儿抱在手中，将注射器顶端放在婴儿牙龈牙床后端和脸颊之间，避免碰到舌头上的味蕾。慢慢地将药喷射，避免呛着婴儿，不要让注射器碰到舌根，这会让婴儿恶心。

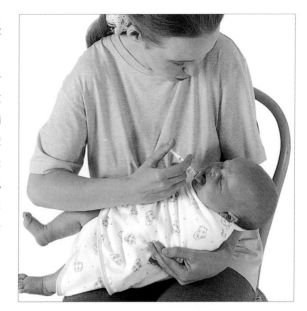

● 给眼睛滴药

用襁褓包好婴儿以防他扭动，面朝天抱好。把婴儿的头侧倾，使他发病的眼睛靠近你的大腿。小心不要让滴管碰到婴儿眼睛，把婴儿的下眼睑拉低，在下眼睑与眼睛之间滴几滴药水。在此过程中，你需要稳定地托住他的头。

● 用橡皮奶头式
注射器喂药

奶嘴形顶端能让婴儿吮吸药水。把宝宝抱在大腿上，用臂弯支撑住婴儿的头。将注射器顶端放进嘴中，慢慢挤压活塞。

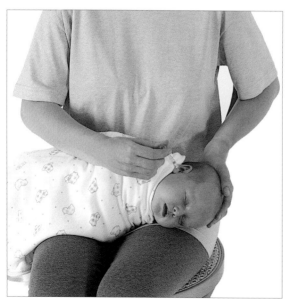

● 给耳朵滴药

让婴儿发病耳朵的一侧身体向上躺好。因要将药滴进耳道中，所以可将耳垂向下拉以拉直耳道，将滴管靠近他的耳边。在滴入时应稳定地托住婴儿，可用棉花球吸起漏出来的液体。

紧急救护婴儿

以下一些基本指导并不能代替正规的急救训练，但却能在紧要关头挽回婴儿的性命。永远要在紧急时寻求帮助，以使你在照顾宝宝的同时有人可与紧急救护服务中心联络。你的首要任务是检查他的呼吸道是否畅

触电

个会爬行的婴儿可能会将手指塞进无掩盖的插座中，或者咀嚼电线，严重的触电会使婴儿心跳停止，呼吸中断，造成休克、痉挛和严重烧伤。此时应首先折断开婴儿触及的电路，避免使自己也触电。

如可能，应断开电源或拔开插头。如不行，可站在干燥的绝缘材料如木头或塑料上，用椅子脚或扫帚柄推开孩子。然后脱掉婴儿衣服，检查他是否被烧伤；如被烧伤，应用无菌的衣服或紧身的软片盖住伤口。

如婴儿已失去知觉，可将他按183页显示的那样放好。如果婴儿心跳停止或无脉搏跳动，应做人工呼吸和心肺复苏术。

中毒

应特别小心将危险物品放在婴儿拿不到的地方，确保药物都用幼儿保护盖盖好。如果怀疑婴儿中毒，应检查有无呕吐、头晕、痉挛、失去知觉等现象，以及嘴唇边有否烧伤或变色的迹象。

拨120与本地的紧急救护中心取

通，脉搏是否在每分钟60次以上（婴儿的标准脉搏跳动为每分钟120次）。如果怀疑婴儿脊椎骨受伤，便不要转动婴儿的头或身体，应让他不动地躺着。

得联系。了解婴儿吃过什么东西，有多少份量，吃了多久，使你可提供这些资料给医生或护理人员。保留一些呕吐物的样本，但不要故意令婴儿呕吐。喂他渴点牛奶或水。如果婴儿失去知觉但仍有呼吸，将他的位置如183页中的图片显示的放好。

如婴儿没有呼吸，检查在他嘴里有无堵塞物（见下页），然后给他做人工呼吸（见186页）。

出血

严重出血就会造成婴儿休克（见184页），所以应迅速处理。基本的须知是要给伤口直接施加压力，然后将伤处举高过于心脏的位置。

让婴儿躺下，抬起受伤处。如果有东西压在伤口两边，不要擅自移开外物。如需要，剪开衣服让伤口露出，用干净的布块在伤口上施加压力。

如伤口严重（例如出现喷血，即表明动脉被割断），在伤口上至少要压上10分钟然后绕上绷带。如伤口渗血，不要拿掉纱布块，可在第一块纱布块外绕上更多的绷带。

气管异物

这是婴幼儿最主要的死因，因为他们将每样东西都放在嘴里。

如怀疑婴儿被噎住了，但他仍能哭和咳嗽，可轻轻地拍打他的背。如果婴儿尚有知觉，但不能哭、咳嗽或呼吸，或者发出强烈的异声和非常微弱的咳嗽声，可尝试按以下方法进行。

如按以下方法做了之后，仍不能摸到婴儿脉搏，必须准备执行心肺复苏术（见184页）。

1 面朝下拍打5下

使婴儿的头低于身体，脸向下靠在你前臂上，身体其余部分倚在你大腿上。用大拇指和其他手指之间的部分稳定地托住婴儿下颏。用手掌根在婴儿肩胛处快速地拍打5下。

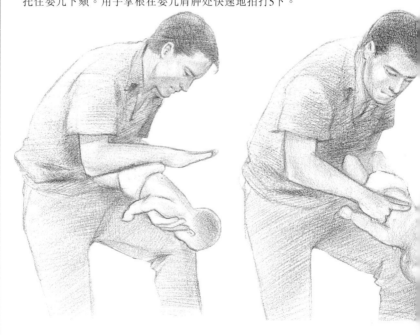

如婴儿失去知觉

将婴儿脸朝天放在地板上，以检查口中异物。

轻轻地抬起婴儿下巴，让头向后翘起。将一只小枕头塞在婴儿肩膀下，检查嘴里有否堵塞物，除去一些可接近的东西，注意不要碰婴儿的喉头深处，小心不要把物件推得更深。如婴儿开始呼吸了，那么他的胸口便会伏动，用你的脸颊贴在他胸口听心跳声或感觉气流。

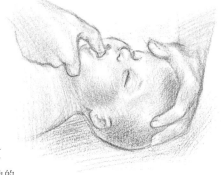

如果婴儿仍然无知觉和呼吸

使他的前额向后倾斜并抬起婴儿下巴，以打开呼吸道。将你的嘴堵在婴儿嘴和鼻子上，轻轻地向他呼气5次（见184页），然后作5次背部拍打和5次胸压。不断重复这一组动作，直到他有呼吸或者救援人员来到。

2 作5次胸压

如婴儿仍不能哭泣，可将他身体夹在双臂间，让他脸朝上躺在你一只手臂上。用大腿托住婴儿身体。将无名指撑在紧贴乳头下的胸骨上；将相邻的两个手指旁靠着。蜷起无名指，用其他两指，压下胸骨1.5～2.5厘米，然后让它回复常态。共压5次。继续进行背部拍打和胸压，直到物体被咳出来。

人工呼吸和心肺复苏术

许多意外和紧急的情况都会引致婴儿失去知觉和呼吸停顿。

如果你发现婴儿平躺着,怀疑有什么出错,可大声呼叫另一成年人联系紧急救护服务中心。如果婴儿没有呼吸或没有脉搏,你必须使他恢复知觉。如果你单独一人在场,应立即给婴儿做复苏术,但要在一分钟内致电紧急救护服务中心,同时继续做复苏术。

用轻拍和抓搔婴儿脚底或叫他名字的方法来检查他是否失去知觉。如果他不应声,立即将他转过身去。在翻动时应整体翻动,以防止使伤口变得更糟。翻动过程中应自始至终撑住婴儿整个身躯。然后施行人工呼吸,如有需要,进行心肺复苏术。

如婴儿呕吐

迅速将婴儿头和身躯转向一边,擦净呕吐物,以免呛进肺里。继续做人工呼吸。

休克

在此危及生命的情形下,血压会危险地降低。警告的先兆是皮肤又湿又冷;嘴唇和指甲周围变成灰色;呼吸变浅和失去知觉。

立即打电话给紧急救护服务中心。将婴儿放在外套或毯子上,将他的头转向一侧,以免他呕吐,将婴儿双脚抬高20厘米。松开婴儿的一些衣物,让他保持温暖,但不要太热。

婴儿失去知觉的抱姿

如果婴儿失去知觉但仍有呼吸,并没显示出骨折的迹象,照图中的这个姿势抬高他

的头，直至救援到来。

将婴儿抱在手臂上，使他的头仰后。这能保持他呼吸道畅通，也可让液体从他嘴中流出。

溺水

如婴儿在洗澡时滑进水中，尽管水深只有2厘米，或者水仅仅淹住了他的嘴和鼻子，都可能在2分钟之内把他淹死。

如果你发现婴儿溺在水中，立即把他抱出，并使他的头低过身躯抱着。这可防止水或呕吐物进入肺内。如果婴儿失去知觉，但仍能呼吸，应在你与紧急救护服务中心联

络时，像下图一样抱着他。如果婴儿呼吸停止，必须立刻进行人工呼吸。由于有水进入肺内，这便要用比平日更有力地呼气以使肺部扩张。

人工呼吸

1 打开呼吸道和检查呼吸

　　轻轻地用一只手撑起婴儿前额，用另一只手的一个手指（非大拇指）放在他颏下。轻轻地将下巴抬起使头翘起。这时可在婴儿胸口看到一些动静，或用你脸颊贴在他胸口感觉呼吸。

2 作5次深呼吸

　　如仍无呼吸迹象，张大你的嘴作一次呼吸。用嘴盖住婴儿的嘴和鼻子，以1~2秒的间隔速度慢慢地进行人工呼吸在你给婴儿呼气时，观察其胸口有无升起，在停止时，其胸口有无下降，重复一遍。

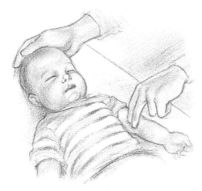

3 检查脉搏

　　沿着婴儿肘部和肩膀之间的上臂内侧可感觉到心脏的跳动。用食指和中指轻压5秒钟。如果无脉搏跳动，进行心肺复苏术。如有脉搏跳动，继续做人工呼吸，每隔一分钟检查一次脉搏，直到婴儿开始呼吸或救援人员来到。

心肺复苏术

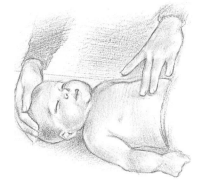

1 放在挤压点上

跪在婴儿身边，用一只手抬起他前额，把另一只手的食指放在两个乳头中位线以下的中心点上。将另外2个手指放在其下。提高食指，这时这2个手指应放在胸骨底端上。

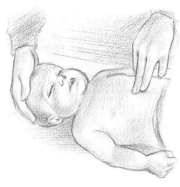

2 挤压胸口5次

弯曲肘关节，用2个手指快速按下1.5～2.5厘米，然后松开。用稳定不变的节奏进行，在3秒钟之内作5次挤压。

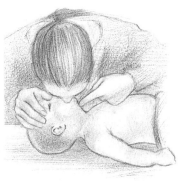

3 作一次深呼吸

在5次胸压之后，做一次持续1～2秒的呼气。重复这组动作10次。再检查5秒钟的脉搏跳动。如仍无脉动，继续呼一次气，然后做胸压循环和呼一次气。一旦婴儿开始呼吸，停止做人工呼吸和心肺复苏术，将他按185页的图显示般那样抱着他着，每隔1分钟检查一次脉搏。

如 遇 意 外 …

　　以下资料应时常更新，使你可提供最快最简易的咨询及协助给你自己或其他保姆。切记，遇到紧急事

母亲能在上午／下午 .... 时 .... 分到达。

紧急求救：120

家庭	姓名： .... 电话： ....
医生	地址： ....
	姓名： .... 电话： ....
	地址： ....

| 儿科 | 姓名： .... 电话： .... |
| 医生 | 地址： .... |

最　近	名称： .... 电话： ....
的医院	地址： ....
	名称： .... 电话： ....
	地址： ....

祖父母	姓名： .... 电话： ....
	地址： ....
	姓名： .... 电话： ....
	地址： ....

故，你给予医护人员更多资料，便可让你的宝宝得到更好的护理。

父亲能在上午／下午 .... 时 .... 分到达。

保姆　　　姓名：...................................电话：...................................

　　　　　地址：...

　　　　　姓名：...................................电话：...................................

　　　　　地址：...

邻居　　　姓名：...................................电话：...................................

　　　　　地址：...

　　　　　姓名：...................................电话：...................................

　　　　　地址：...

婴儿主要的医疗资料

血型：　　　...

过敏症：　　...

免疫力：　　...

曾患过的疾病、接受过的手术及出现过的健康问题：...........................

....

....

....

医疗保险　　名称：...............................电话：...................................

公司　　　　地址：...

保险资料档案编号：...

中国大陆地区儿童预防接种程序

月(年)龄	乙肝疫苗	卡介苗	脊髓灰质炎三价混合疫苗	百白破疫苗	麻疹疫苗	乙脑疫苗	流脑多糖疫苗
新生儿	出生后24小时内第一针,间隔1个月第2针	初种。出生后应尽早接种					
2足月			全程3次第一次				
3足月			第二次	全程3针第一针			
4足月			第三次	第二针			
5足月				第三针			
6足月	第三针					初种2针,间隔7-10天	
8足月					初种		
12足月							初种
1.5-2岁				加强		2岁加强	
4岁			加强				加强
6岁						加强	
7岁				白破加强	加强		加强
10岁						加强	加强
备注	母亲HBsAg阳性者3-5年后加强	预防结核病	初种全程3次,间隔1个月或1个月以上	初种g全程3次,间隔1个月或1个月以上			